Anders · Betriebswirtschaft non olet

Betriebswirtschaft
non olet

Humor oeconomici
mit süß-saurem
haut goût

Gesammelte Belege von
Peter E. Anders

SPRINGER FACHMEDIEN WIESBADEN GMBH

Die Deutsche Bibliothek – CIP-Einheitsaufnahme

Betriebswirtschaft non olet : gesammelte Belege ; Humor oeconomici mit süss-saurem haut goût / von Peter E. Anders. –
Wiesbaden : Gabler, 1995
   ISBN 978-3-663-11983-8   ISBN 978-3-663-11982-1 (eBook)
   DOI 10.1007/978-3-663-11982-1
NE: Peter E. Anders [Hrsg.]

Die für dieses Buch erforderlichen Literaturrecherchen wurden sehr sorgfältig ausgeführt. Sollten trotzdem urheberrechtliche Fragen auftauchen, bitten wir die Rechteinhaber, sich mit dem Verlag in Verbindung zu setzen.

© Springer Fachmedien Wiesbaden 1995
Ursprünglich erschienen bei Betriebswirtschaftlicher Verlag Dr. Th. Gabler GmbH, Wiesbaden 1995
Softcover reprint of the hardcover 1st edition 1995

Lektorat: Dr. Reinhold Roski, Jutta Hauser-Fahr, Dr. Irmtrud Pausch

Höchste inhaltliche und technische Qualität ist unser Ziel. Bei der Produktion und Verbreitung unserer Bücher wollen wir die Umwelt schonen: Dieses Buch ist auf säurefreiem und chlorarm gebleichtem Papier gedruckt. Die Einschweißfolie besteht aus Polyäthylen und damit aus organischen Grundstoffen, die weder bei der Herstellung noch bei der Verbrennung Schadstoffe freisetzen.

Die Wiedergabe von Gebrauchsnamen, Handelsnamen, Warenbezeichnungen usw. in diesem Werk berechtigt auch ohne besondere Kennzeichnung nicht zu der Annahme, daß solche Namen im Sinne der Warenzeichen- und Markenschutz-Gesetzgebung als frei zu betrachten wären und daher von jedermann benutzt werden dürften.

Satz: Satzstudio RESchulz, Dreieich-Buchschlag

ISBN 978-3-663-11983-8

Benutzerhinweise

Die Geschichte ist bekannt. Der römische Kaiser Vespasian erhob eine Gebühr auf die Benutzung öffentlicher Bedürfnisanstalten. Auf die Vorhaltung seines Sohnes Titus, man könne aus diesem menschlichen Bedürfnis kein Kapital schlagen, hielt Vespasian ihm einen Silberdenar unter die Nase und antwortete: pecunia non olet. Vespasian – ein erfolgreicher Betriebswirt. Noch heute heißen die Freiluft-Pissoirs in Rom Vespasiani. Übrigens: Nach fast 2000 Jahren scheint jetzt ihr Ende gekommen zu sein. Die heutigen Herrscher der Ewigen Stadt verschließen sich den Rechtfertigungsgründen des Kaisers für sein anrüchiges Gewerbe. Die Bedürfnisanstalten genügen den hygienischen Ansprüchen nicht mehr.

Apropos Hygiene. Geld stinkt nicht nur nicht, sondern es besitzt einen süß-sauren haut goût. Süß, wenn man es hat, sauer, wenn man es noch verdienen, erdienen, erdienern oder erdinnern muß. Kein Geld zu haben, ist teuer. Es kostet Zinsen, Gebühren, Ansehen und Vertrauen. Das wiederum können sich nur Reiche leisten. Schlußfolgerung: Nur Reichen ist es möglich, arm zu erscheinen.

Geld macht bekanntlich nicht glücklich. Vor allem, wenn es sich um das Geld der anderen handelt – wie George Bernard Shaw sarkastisch notierte. Das vorliegende Buch ist das Gegenteil von solchem Geld. Es soll dem Leser glückliche Stunden bereiten mit Sinn und Unsinn, Humor und Satire. Und das will etwas heißen – sind dies doch Raritäten in der Wirtschaft.

Dafür wird hier alles eingesetzt, was man an Kapital haben kann, also auch Humanressourcen, Erfindungsgeist und Erfahrungsschatz. Kurzum: Alles was gilt, zumal Geld von Geltung kommt. Je größer diese ist, desto wertvoller sind Arbeit und Leute, Sachen und Rechte, Wissen und Erfahrung.

Peter E. Anders

5

Benutzungsordnung

Benutzerhinweise 5

Geld und Kapital 9

Arbeit und Leute 41

Sachen und Rechte 119

Wissen und Erfahrung 137

Sammelbüchse 188

Quellen 189

Geld und Kapital

Zinsen

Wer im Verkehr mit Menschen die Manieren einhält,
lebt von den Zinsen;
wer sich über sie hinwegsetzt, greift sein Kapital an.

Johann Wolfgang von Goethe

Die Konsumenten sind die linke Hand des gesellschaftlichen Organismus, die Produzenten sind die rechte Hand. Die Bankiers sind die Heimlichkeiten zwischen den beiden.

Erich Kästner

Geld kann man nur verachten, wenn man es besitzt.

Curt Goetz

Geld ist Macht. Sollte jemand es leugnen, müßte man prüfen,
ob er wegen mangelnder Eignung oder Heuchelei zu entlassen ist.

Norbert Feldhoff

Klugheit für Geld

Kein Geld ist vorteilhafter angewandt als das, um welches wir uns haben prellen lassen; denn wir haben dafür unmittelbar Klugheit eingehandelt.

Arthur Schopenhauer

„Wie geht's?" „Wechselvoll", sagte der Bankier

gefunden bei S. Sichtermann

„Das Geld ist rund, es muß rollen", sagt der Verschwender.
„Das Geld ist flach", sagt der Geizhals, „es muß aufgestapelt werden."

Hugo Ritter

Kredit ist ein abstrakter Begriff, die verrückte Idee von Nationalökonomen.

Napoleon

Die Freßaktie

Fritz Müller-Partenkirchen

Es gibt Namensaktien, Inhaberaktien, vinkulierte Aktien, Interimsaktien, Stammaktien, Vorzugsaktien. Von Freßaktien weiß das Deutsche Handelsgesetzbuch nichts. Ich lernte sie in Westfalen kennen. Ein Bekannter von mir spekulierte dort in Aktien. Und verlor dabei mit schönem Gleichmut.

„Kein Wunder", sagte jemand, „weil er es nicht wissenschaftlich macht."

Von Stund an setzte mein Bekannter die Aktienkurse auf Tabellen in Beziehung mit Barometerständen und den Atomgewichten der von ihnen hergestellten Fabrikate, und – verlor noch mehr.

„Kein Wunder", sagte wieder einer, „spekulieren muß man mit Anruf eines Gottesurteils."

Von Stund an breitete mein Freund den Kurszettel auf den Frühstückstisch und ließ mit geschlossenen Augen sein Messer aus Lampenhöhe auf den Zettel fallen: „Bochumer Gußstahl hat's getroffen – famos, das kaufen wir."

Dabei gewann er dick, bis er eines Tages – noch dicker – verlor.

Aber er gab nicht auf, sondern knobelte unermüdlich weitere Methoden aus.

„Jetzt hab ich's", rief er, „auf ein einziges Paar muß man seine ganze Kraft konzentrieren und nur einmal im Jahr darin unter- und auftauchen."

„Schön, nur fragt sich, wann?"

„Sehr einfach, man multipliziert sein Geburtsjahr mit dem Aktienkapital der Gesellschaft, dividiert durch die Handschuhnummer, daraus die Quadratwurzel, ergibt als Tag des besten Einkaufs den elften März."

„Und wie erhalten Sie den Verkaufstag?"

„Indem man sich bei Vollmond mit dem Kopf gegen eine Eiche beugt, im Nacken ein Säckchen aus sieben Mausefellen, worin zwei Zitronenscheiben mit einem ausgerissenen Milchzahn eingenäht sind, worauf man das Käuzchen im Walde rufen hört, woraus sich der neunundzwanzigste März ergibt."

„Und das sonstige Ergebnis?"

„Ein bescheidner, aber todsicherer Gewinn – morgen ist der elfte, tun Sie mit?"

Ich tat mit. Ich gewann. Ich tat im nächsten und übernächsten Jahre mit. Elf Jahre durch gewann ich einen hübschen Zuschuß zu meinem Einkommen.

Im zwölften sagte ich undankbar: „Verehrter, das mit Ihrer Handschuhnummer und dem Vollmondmilchzahn ist ein Unsinn. Ich hab's herausbekommen, die wahre Ursache ist ebenso einfach wie prosaisch, nämlich – "

Er hielt sich die Ohren zu, er schrie: „Still, Unglückseliger, mit kaltschnäuzigen Aufklärungen erzürnt man die geheimnisvollen Mächte!"

Wer nicht hören will, muß sehen. Ich bat ihn, bei der nächsten Generalversammlung teilzunehmen.

Wann die wäre?

„Am 30. März."

Das sei unmöglich, wo er doch am neunundzwanzigsten seine Aktien verkaufe.

„Mach's wie ich: behalte eine – eine Freßaktie."

„Eine was?"

„Du wirst schon sehen – komm."

Er kam. Die Generalversammlung war wie alle Generalversammlungen und am Ende hieß es, nach alter Übung bäte man die Herren Aktionäre, bei dem anschließenden Essen sich als Gäste der Gesellschaft zu betrachten.

Die Betrachtung dauerte drei Stunden. Und weil die Dividende über zehn Prozent hinausging, gab es, jener alten Übung ebenfalls entsprechend, extra noch Champagner.

„Na, und?" sagte mein Bekannter nach dem dritten Glas.

„Verstehen Sie noch immer nicht, warum die Kurse seit dem elften März, dem Tage der Versammlungsankündigung, steigen mußten?"

„Weil das Käuzchen – "

„Die Käuzchen sitzen hier, Verehrter, hunderte von Käuzchen, will sagen: Aktionäre, die es morgen nicht mehr sind; die sich ein solennes Mittagessen sichern wollen mittels Eintagsaktien, Aktien, deren Ankauf seit dem elften März die Kurse klettern ließ und klettern."

„Ausgeschlossen", sagte er. Er blieb bei Milchzahn und Zitronenscheiben und jammerte, der Zauber sei durch meine rohe Deutung nun gebrochen.

Er hatte recht. Unsere Jahrestransaktionen wurden in dem Festsaal ruchbar. Alle Welt erwarb von jetzt an Aktien am elften März und verkaufte sie am neunundzwanzigsten, was – wie jeder Börsenlehrling weiß – zur Folge hatte, daß die Wirkung sich verkehrte.

Von da ab hörte mein Freund zu spekulieren auf. Übrig blieb von seinen Transaktionen nur die eine Aktie, mit der nun seit dreißig Jahren jedes Jahr auf der Generalversammlung der – äh, ich werde mich wohl hüten, den Champagner auf der Generalversammlung zu verdünnen.

15

Ranking im Dyopol

Unser Unternehmen liegt an zweiter Stelle.
Unser Konkurrent wurde vorletzter.

Peter Eichhorn

Bist du 50 Dollar schuldig, so bist du ein Schnorrer,
bei 50 000 Dollar bis du ein Geschäftsmann,
bei 50 Millionen ein Finanzmagnat,
bei 50 Milliarden eine Regierung.

Evening News, Idaho
zitiert nach S. Sichtermann

Zehn Pfennig nicht zahlen ist lächerlich. Zehn Mark Schulden sind peinlich. Von 10 000 Mark an wird es standesgemäß. Von zehn Millionen ab ist es Genialität.

Heinrich Spoerl

Kleine Betrüger nennt man Betrüger. Große Betrüger nennt man Finanzgenies.

Jean Anouilh

16

Bankleute denken nur in Geldformeln. Eine Fabrik ist für sie ein Institut, nicht um Waren, sondern um Geld zu produzieren.

Henry Ford

Sündenbewahranstalt

Ein Mann, der sein Geld in die Sparkasse legt, anstatt es zu verschwenden, schützt sich dadurch nicht allein gegen Mangel und Dürftigkeit, sondern er bewahrt sich auch vor vielen Sünden. Vor der Sünde der Trunksucht und aller abscheulichen Laster, die sie begleiten; vor der Sünde der Verschwendung; vor der Sünde der Zeitverderbnis (Müßiggang); vor der Sünde der Verwahrlosung von Weib und Kindern; vor der Sünde eines bösen Beispiels und einer bösen Gesellschaft, die alle im Gefolge eines liederlichen Lebens sind.

Flugblatt der Sparkasse zu Mannheim
aus dem Jahr 1824

Die Unterhaltungskosten des Geschäfts sind außerordentlich hohe, wobei zu berücksichtigen ist, daß zum Betriebe des Geschäfts Pferde notwendig sind, die ein fressendes Kapital darstellen.

aus einem Anwaltsschriftsatz,
gefunden bei Franz Marcus

Profit-Programm

Damit wir souverän und unabhängig bleiben,
werden wir keine Expansion mit fremdem Kapital betreiben.

Kurt A. Körber

Die Sparsamkeit ist die Tochter der Vorsicht,
die Schwester der Mäßigkeit und
die Mutter der Freiheit.

Samuel Smiles

Ohne Profit raucht kein Schornstein.

August Bebel

An der Quelle trank die Steuer.

Sichere Geldanlage

Ein Drittel in Grundstücken, das zweite Drittel in Obligationen, das dritte Drittel in Aktien und – das ist entscheidend – das vierte Drittel immer liquide halten; dann kann nie etwas passieren.

gefunden von Helmut Jenkis

Niemand vermag zu sagen, wie viele politische Dummheiten durch Mangel an Geld schon verhindert worden sind.

Talleyrand

Wer gut schlafen will, kauft Anleihen, wer gut essen will, bevorzugt Aktien.

André Kostolany

Marketing zwischen Profits und Benefiz

Armin Berninghaus

Der Kommunismus hat die Wirtschaft der Ostblockstaaten ruiniert und die Bevölkerung an den Rand des Existensminimums gebracht. Perestroika heißt jetzt das Zauberwort zur Überwindung der staatlichen Kommandowirtschaft. In dieser Zeit hätte Karl Marx wohl kaum sein Hauptwerk „Das Kapital" verfaßt, sondern eine Kampfschrift über die Expropriation der Expropriierten durch Maketeng. Diese Lehre zur marxistischen Verkaufsförderung geht auf den chinesischen Prof. Ma Ke Teng zurück, der von 1950 bis 1985 an der Ost-Berliner Humbruch-Universität lehrte. Seine berüchtigte Produktionstheorie basiert auf dem Grundsatz, daß sich die Warenherstellung nicht an den real existierenden Bedürfnissen der Bevölkerung orientieren darf. Das Angebot wird allein bestimmt von den Produktionsmöglichkeiten der volkseigenen Produzenten. Also dreht es sich im Grunde hier um das Kapital der Arbeiter und deren Möglichkeit, darüber durch Konsum zu verfügen.

Durch Flexibilisierung und Verfeinerung des entsprechenden Instrumentariums entwickelte sich im Westen aus dem starren planwirtschaftlichen Maketeng ein mehr marktwirtschaftlich orientiertes Marketing. Das in der Praxis eingesetzte Marketing-Mix ist darauf ausgerichtet, die Käufermassen in einen anhaltenden Konsumrausch zu versetzen.

Prof. Dr. von den Socken brachte es nach jahrzehntelangen empirischen Studien bei fünf repräsentativen Familien der nordfriesischen Halligen auf den überraschend kurzen Nenner: „Marketing ist Opium für das Volk." Alle Bemühungen, dieses gefährliche Rauschmittel unter das Betäubungsmittelgesetz zu subsumieren, blieben bisher allerdings ergebnislos.

Das Verhängnisvolle an der Marketingpraxis ist, daß die Programme zwar klar, doch die Ergebnisse nur selten zutreffend sind. Deshalb ist die stärkere Einbindung des Marketing in das verkäuferische Tagesgeschäft und die Auseinandersetzung mit den anderen betrieblichen Grenzwissenschaften unausweichlich geworden. In hohem Maße nützlich für eine klare Grenzziehung zwischen Profits und Benefiz erweist sich dabei die Pflege wohltemperierter Beziehungen zum Rechnungswesen. Zumal wenn es um die Nutzung ausschweifender Erlös- und Kostenbetrachtungen zur eigenen Imagepflege geht. In diesem Zusammenhang hat der bottle-neck eindeutig zur Entemotionalisierung beigetragen, weil durch ihn die verkaufsbehindernden Engpässe losgelöst von den agierenden Flaschen diskutiert werden können.

Ist-Kosten spielen in dem Zusammenhang nur eine untergeordnete Rolle, denn ihre lähmende Nüchternheit ist zur Verdeutlichung visionärer Zielprojektionen völlig ungeeignet. Vorrausschauende Marketingleiter befassen sich deshalb ausschließlich mit den kreativen Kostenaspekten, wie sie den Grenzkosten, Zielkosten, Plankosten oder Minderkosten immanent sind. Aus dem selben Grund unterbinden sie mit gekonnter Bestürzung auch die immer wieder aufkeimende Diskussion über die Zurechenbarkeit von Overheadkosten. Es ist ein offenes Geheimnis, daß schwache Produkt-Manager in dieser Situation die konsequente Anwendung der Bonsai-Methode favorisieren. Danach wird dem Vollkosten-Fan bereits im Ansatz das Wort abgeschnitten.

Break Even brachte es auf den Punkt: „Wir müssen vorrangig die Schwellkörper unter den Gemeinkosten zurückdrängen, um kurzfristig in die erogene Gewinnzone vorzustoßen. Nur so kommt auch in der müdesten Verkaufsabteilung Freud auf."

In Hamlet verdichtet Shakespeare das finanzpolitische Instrumentarium zu dem alles entscheidenden buchhalterischen Elementarfaktor: „Sein oder nicht sein, das ist hier die Frage." Damit beschreibt er die tiefen Ängste von Bilanzbuchhaltern, wenn sie über den debitorischen oder kreditorischen Charakter von Vorgängen zu entscheiden haben, um das alles überragende Ziel einer ausgeglichenen Bilanz zu gewährleisten, in der die Endsummen der Aktiv- und der Passivseite gleich sind.

Von dieser atemberaubenden Dynamik spiegelt die Trivial-Trilogie der 4. EG-Richtlinien bedauerlicherweise nichts wider. Lagebericht, Bilanz, Gewinn- und Verlustrechnung reduzieren die unternehmerische Nabelschau vielmehr auf orakelhafte Floskeln und das Beschreiben von Allgemeinplätzen. Dabei hätte aktueller Handlungsbedarf bestanden, um die „Kummereinzelkosten des Vertriebs" als zusätzliche Gliederungsposition in die G+V-Rechnung einzuführen. Darunter ließen sich die vielfältigen erlösschmälernden Marketingincentives subsummieren, die gegen Ende eines Geschäftsjahres erforderlich sind, um den Ist-Absturz in die Nähe des Budgets und der Tantieme-Zone zu katapultieren.

Die mathematische Grundfunktion

$$LM = B \cdot / \cdot LE$$

verdeutlicht den kumulierten Handlungsbedarf und macht das im Loading-Zeitraum mit reaktionärer Beharrlichkeit freizusetzende akquisitorische Potential abschätzbar.

Die Loadingmenge (LM) ist als fehlender Absatz aus Budget (B) und latest estimate (LE) über preispolitisch flankierende Maßnahmen zwischen dem Tag der letzten Prognose und dem Geschäftsjahresende beim Endverbraucher oder im Handel abzuladen.

Die innerbetriebliche Verbuchung dieser IBM-Umsätze (Incentif Budget Merger) erfolgt nach den Grundsätzen opportunistischer Buchführung (GOB) unter gelegentlicher Einbeziehung der net sales-Wirkung aus den Kummereinzelkosten des Vertriebs.

Notorische Ignoranten plädieren dafür, die verschleuderten Produkte besser caritativen Zwecken zuzuführen, um den Verkauf in den Folgemonaten nicht zu behindern.

Durch intensives Quellenstudium ist John F. Brainstorm vom Institut für Zahlenverdrehung und Allgemeinkonfusion kürzlich der Nachweis gelungen, daß der fetischistische Glaube an die Statistik auf den Großmeister des chinesischen Rechenbretts Lap Top zurückgeht. Er war zugleich Astrologe der Ginseng-Dynastie und berühmt für atemberaubende Erkenntnisse über das chinesische Bruttosozialprodukt zu Faktorpreisen. In visionärer Wertung der unbegrenzten Möglichkeiten elektrisch betriebener Rechengeräte kam er zu dem Schluß, daß die durch Bits und Bytes gelenkten Ströme wesentlich exaktere Ergebnisse liefern müßten als die unkalkulierbaren Ströme des menschlichen Hirns. Der praktisch relevante Inhalt vieler strategischer Planungen liegt aber in den verwendeten treffsicheren und einprägsamen amerikanischen Fachausdrücken wie cash flow und cash cow. Ebenso ist die rasante Durchsetzung der trickle-down-Theorie bei der Einführung von customer spottings für convenience goods ausschließlich auf die verbal eindeutige Fixierung von Marktsegmenten zurückzuführen.

Durch die Hinwendung des Marketings zur wissenschaftlichen Präzisierung verkäuferischer Tatbestände spielt die Mathematik zunehmend eine Rolle. Paul Numerus hat als erster den Versuch unternommen, die bishar nur unzureichend als Mehrabsatz bezeichnete Differenz zwischen dem Ist-Absatz (I) gegenüber dem Plan-Absatz (P) als outlet overflow (o) mathematisch exakt zu fassen:

$$o = I - P$$

Damit ist der in den EDV-Statistiken ausgewiesene Absatz ambivalent als negativer Bestandeil des outlet overflow definiert. Ziel sämtlicher Vertriebsanstrengungen ist die Maximierung des reziproken Δ zwischen I und P. Dabei kann die Abweichung von o in Relation zum Vorjahr während der geschäftlichen Startphase gegen ∞ floaten. Das grundsätzliche Problem eines langjährig negativen outlet overflow ist allerdings nicht mit mathematischen Mitteln, sondern nur durch personelle Konsequenzen lösbar. Diese bahnbrechende Erkenntnis ist nur eine der herausragenden Leistungen von Al Paletti, dem international bekannten Spezialisten für Personalmarketing und Out-placement.

Das Marketing der 50er Jahre wurde unzweifelhaft von Malcolm High-lights Trivialtheorie geprägt. Danach reicht es nicht, keine Ideen zu haben, man muß auch unfähig bleiben, sie zu präsentieren. Es zählt zu den großen Verdiensten von Add Absurdum, daß er den zweiten Teil dieses Lehrsatzes eindeutig widerlegt hat. Modernste computergestützte Präsentationstechnik ist nämlich durchaus in der Lage, selbst simpelste Sachverhalte in mehrfarbige, mehrdimensionale Charts umzusetzen.

Allerdings findet man unter den Präsentations-Geladenen immer wieder kritische Geister, die nicht jeden spread Schiet widerspruchslos hinnehmen. In solchen Fällen gilt es, auf Zeit zu setzen und den Folieninhalt durch Folienmasse auszugleichen. Unter Zuhilfenahme der Monte Carlo-Methode oder raubkopierter Zufallsgeneratoren ist die massenweise Grafikproduktion im Grenzkostenbereich möglich geworden. In vielen Unternehmen nutzt das Marketing dazu bereits den ohnehin vorhandenen Abteilungs-Rechner, der eine strikte Trennung der Marketing-Daten von den Nutzdaten der kommerziellen Anwendungen gewährleistet.

Nicht eindeutig geklärt ist die Einbindung des Marketing in die betriebliche Hierarchie. Traum, Tänzer plädieren für die Schaffung einer Stabsstelle, die der Unternehmensleitung direkt zugeordnet ist. Diese Positionierung im luftleeren Raum hätte den Vorteil, daß das Marketing dann sozusagen als Ei über den Verkauf schweben könnte. Der Arbeitskreis pro Fit sieht im Marketing allerdings mehr Linienfunktionen, die sich aus dem Zeichen von Statistiken und Grafiken ergeben. Von der Grafik spannt sich der Bogen schnell zur Werbung, die in vielen Unternehmen ebenfalls mit erheblichen Freiräumen ausgestattet ist. Dafür spricht auch die Erfahrung, daß 50 Prozent des Werbebudgets ohnehin unwirksam verpuffen. Durch eine Zusammenlegung mit dem Marketing, so glauben simple Geister, könne man die 100 Prozent Marke wieder erreichen. Es ist menschlich durchaus verständlich, daß vor allem Marketingleiter mit missionarischem Selbstverständnis in der Angliederung der Werbung die letzte reale Chance sehen, Mitglied eines 100 Prozent Clubs zu werden.

Synthese

Georg Boegner

Es stritten um der Liebe Preis
ein Jüngling und ein Lebegreis,
und jeder warb mit seinem Werte
um das, was stürmisch er begehrte.
Der Jüngling voller Ueberschwang,
bot Kühnheit, Kraft und Tatendrang.
Der Lebegreis, hier nur noch Schein,
legt Scheckbuch und Routine ein.
Das Mädchen, blond und raffiniert,
verhielt zunächst sich reserviert,
dieweil es ihr noch nicht recht klar,
wo eigentlich ihr Vorteil war.
Wie sie auch sann, zu ihrem Glück
bot jeder nur ein halbes Stück.
Der brachte Geld als starken Teil,
der and're hielt die Jugend feil.
So fehlt' bei jedem wieder das,
was grad der andere besaß.
Doch, da sie findig und gewandt,
sucht mit Instinkt sie und Verstand,
um es trotz allem zu erreichen,
der Halbheit Mängel auszugleichen.
Die Lösung lag auch gar nicht weit,
sie teilte einfach ihre Zeit
und gab sich mit vergnügtem Sinn
dem Geld bald – bald der Jugend hin.
Und da sie auch noch Scham besaß,
merkt keiner von den Beiden was.
Und zudem blieb sie jedem treu!
Der Vorgang ist bestimmt nicht neu:
doch zeigt er Dir als Mensch und Christ,
was eigentlich Synthese ist!

Sachverständigenrat

Das Budget muß ausgeglichen, der Staatsschatz aufgefüllt, die Staatsverschuldung vermindert, die Überheblichkeit der Bürokratie gedämpft und überwacht und die Unterstützung fremder Länder eingeschränkt werden, damit der Staat nicht bankrott geht. Das Volk muß gezwungen werden zu arbeiten, statt seinen Lebensunterhalt vom Staat zu erwarten.

Marcus Tullius Cicero
im Jahre 55 v.Chr.

Angabe ist das halbe Leben.
Die andere Hälfte besteht aus Abgaben.

Gunter Philipp

Der Reingewinn ist derjenige Teil des Gesamtgewinns, den der Vorstand beim besten Willen nicht mehr vor den Aktionären verstecken kann.

Nicht alle Deutschen glauben an Gott,
aber alle an die Bundesbank.

Jacques Delors

Das Kapital hat das Herz eines Hasen,
die Beine eines Rennpferdes und
das Gedächtnis eines Elefanten.

Guiseppe Pella

Ein Kerl, der spekuliert,
ist wie ein Tier auf dünner Heide
von einem bösen Geist im Kreis herumgeführt
und ringsumher liegt schöne grüne Weide.

Johann Wolfgang von Goethe
Faust I. Teil

Schüttelreime

C. Palm-Nesselmann

An die Finanzabteilung einer Gesellschaft

Wer über die Finanzen lacht,
bringt über die Bilanzen Nacht.
Noch stets, wenn die Finanzen lahm,
die Kraft das den Bilanzen nahm.
Und haben die Finanzen Gicht,
das frommt fürwahr dem Ganzen nicht.
Wer viel hat von Finanz gelesen,
der weiß, ob die Bilanz genesen,
weiß: wer zu viel Finanz sich lieh,
dem lichtet die Bilanz sich nie.
Doch strahlt aus den Finanzen Licht,
dann tadelt man Bilanzen nicht.
Ist's aus mit der Finanzen Leid,
dann wecken die Bilanzen Neid.
Drum traut nie diesen Schranzen, nein,
die: „Was sind schon Finanzen?" schrein.
Sie seh'n in den Finanzen Schrullen.
Seht ihr in diesen Schranzen Nullen!

Ratenschreck

Wer spart und frisch den Spaten rührt,
niemals den Druck von Raten spürt.

Keine Experimente!

Wer an der Stabilität leckt,
schnell in der Labilität steckt.

Bilanzbesprechung

Wir müssen es mit Schauer dulden,
daß man besteuert Dauerschulden.

Pleiten

Ich weiß, was Pleiten sind. Bei Pleiten setze
sich still man auf die letzten Seitenplätze.

Wo bleibt die Liquidität?

Was habt ihr von den Reingewinnen,
wenn sie zu Stein – ich wein' – gerinnen?

**Der Kleinaktionär
an den Aufsichtsratsvorsitzenden**

Wann fällt die Dividende an,
auf daß mein Warten ende dann?
Gibt's höh're Dividenden hier,
ich reiß sie aus den Händen Dir.
Doch kürzt die Dividende sich,
zum Orkus schnell ich sende Dich.

**Zur dritten kreditpolitischen Tagung
Düsseldorf 1953**

Wenn ihr nicht dauernd Gärung wollt,
so nehmt zu jeder Währung Gold.

Geldgeschenke sind phantasielos.
Vor allem kleine.

Werner Mitsch

Geld regiert nicht die Welt,
sondern die Regierungen der Welt.

Gerhard Uhlenbruck

Abfindung:
die Summe, die man einem nachwirft,
wenn man ihn rauswirft.

gefunden von Helmut Jenkis

Wer bürgt, wird erwürgt.

Volksmund

31

Geld hat die unangenehme Eigenschaft, nicht den Gesetzen der Schwerkraft zu unterliegen. Es geht immer von unten nach oben.

Lothar de Maizière

Beim Geld hört die Freundschaft auf. Und unser Grundwertesystem beginnt.

Wolfgang Mocker

Testamente werden errichtet,
Erbschaften gemacht,
Konkurse angemeldet,
Vermögen verschwiegen.

Bernhard Katsch

Geld ist nicht alles. Mit zwanzig Millionen Dollar kann man genauso glücklich sein wie mit einundzwanzig Millionen Dollar.

Donald Trump

Goethes Geldschöpfung und der Argwohn des Kanzlers

Die Beschreibung der Wechselwirkungen zwischen einer defizitären Fiskalpolitik und einer inflationären Geldpolitik in einer rezessiven Wirtschaft gehört seit 160 Jahren zum deutschen Kulturgut. Bereits im Faust II, der erst nach Goethes Tod im Jahre 1832 in seinen „Nachgelassenen Werken" veröffentlicht wurde, werden die möglichen Verführungen und Gefahren einer inflationären Papiergeldwirtschaft deutlich.

Von der Antike bis zur letzten Jahrhundertwende waren Goldumlaufswährungen üblich – das heißt Gold diente nicht nur als allgemeines Münzmetall, das im Handelsverkehr dominierte, sondern auch als Wertaufbewahrungsmittel. Der Reichtum eines Staates und seine Macht bemaßen sich nach der Menge des Goldes, das seinem Herrscher zu Gebote stand. War der Staatsschatz jedoch aufgebraucht, konnte diese Tatsache das gesamte Staatswesen erschüttern und in Gefahr bringen.

Goethe beschreibt in zwei Szenen des Faust II die prekäre Lage der Staatsfinanzen an einem mittelalterlichen kaiserlichen Hof, die den Kanzler, den Heermeister, den Schatzmeister und den Marschall zu Beratungen mit dem Kaiser zusammengeführt hat. Der Kanzler resümmiert: „Entschlüsse sind nicht zu vermeiden; wenn alle schädigen, alle leiden, geht selbst die Majestät zu Raub." Der Heermeister fügt hinzu: „Der Mietsoldat wird ungeduldig, mit Ungestüm verlangt er seinen Lohn, und wären wir ihm nichts mehr schuldig, er liefe ganz und gar davon." Drastischer noch bringt der Schatzmeister die Lage auf den Punkt: „Wer wird auf Bundesgenossen pochen! Subsidien, die man uns versprochen, wie Röhrenwasser bleiben aus ... Wir haben so viel Rechte hingegeben, daß uns auf nichts ein Recht mehr übrigbleibt ... Wer jetzt will seinem Nachbarn helfen? Ein jeder hat für sich zu tun. Die Goldespforten sind verrammelt, ein jeder kratzt und scharrt und sammelt, und unsre Kassen bleiben leer."

Darauf betritt Mephisto die Szene und fädelt seinen diabolischen Plan langsam ein. Er stellt jedoch zunächst fest: „Wo fehlt's nicht irgendwo auf dieser Welt? Dem dies, dem das, hier aber fehlt das Geld", und orakelt mystisch über neue Geldbeschaffungsmöglichkeiten. Auf Skepsis stoßend, entgegnet er dem Kanzler: „Was ihr nicht faßt, das fehlt euch ganz und gar, was ihr nicht rechnet, glaubt ihr, sei nicht wahr, was ihr nicht wägt, hat für Euch kein Gewicht, was ihr nicht münzt, das, meint ihr, gelte nicht." Ungeduldig auf die Antwort Mephistos eingehend, wird der Kaiser befehlend: „Dadurch sind unsre Mängel nicht erledigt, was willst du jetzt mit deiner Fastenpredigt? Ich habe satt das ewige Wie und Wenn; es fehlt an Geld, nun gut, so schaff' es denn." Mephisto gibt seine Antwort prompt: „Ich schaffe, was ihr wollt, und schaffe mehr ..." Darauf erläutert Mephisto, daß seit der Römerzeit, der Völkerwanderung, ja bis in die Gegenwart hinein, die Menschen ihr Gold im Boden vergraben hätten. Er schließt: „Das alles liegt im Boden still begraben, der Boden ist des Kaisers, der soll's haben."

Trotz Ungläubigkeit über den immer noch im unkonkreten befindlichen Vorschlag zur Lösung der Finanzkrise hellt sich die Stimmung der Versammlung auf: Der Kanzler argwöhnt noch, daß es nicht mit „frommen, rechten Dingen" zugehen könnte; offenherzig gebärdet sich der Marschall: „Schafft' er uns nur zu Hof willkommne Gaben, ich wollte gern ein bißchen Unrecht haben." Und der Heermeister ist Realist, um zu erkennen: „Der Narr ist klug, verspricht, was jeden frommt; fragt der Soldat doch nicht, woher es kommt." Tage später nur, als sich die Gesellschaft erneut versammelt, ist die Geldschöpfung bereits in vollem Gang. Die Stimmung hat sich gewandelt. Der Marschall zum Kaiser: „Durchlauchtigster, ich dacht' in meinem Leben vom schönsten Glück Verkündung nicht zu geben als diese, die mich hoch beglückt, in deiner Gegenwart entzückt: Rechnung für Rechnung ist berichtigt, die Wucherklauen sind beschwichtigt, los bin ich solcher Höllenpein; im Himmel kann's nicht heitrer sein." Der Heermeister schwelgt: „Abschläglich ist der Sold entrichtet, das ganze Heer aufs neu' verpflichtet, der Landsknecht fühlt in sich frisches Blut, und Wirt und Dirnen haben's gut."

Der Kanzler lüftet nun das Geheimnis dieses schnellen Wandels: „So hört und schaut das schicksalsschwere Blatt, das alles Weh in Wohl verwandelt hat. (Den Text auf einer Banknote lesend.) Zu wissen sei es jedem der's begehrt: Der Zettel hier ist tausend Kronen wert. Ihm liegt gesichert, als gewisse Pfand, Unzahl vergrabnen Guts im Kaiserland. Nun ist gesorgt, damit der reiche Schatz, sogleich gehoben, diene zum Ersatz." Der Kaiser, der hierunter seine Initialen gesetzt hatte, dessen Erinnerungsvermögen daran aber durch Karnevalsfeierlichkeiten getrübt war, wurde vom Kanzler zur Unterzeichnung der Einwilligung zum Gelddruck mit den Worten gebracht: „Gewähre dir das hohe Festvergnügen, des Volkes Heil, mit wenigen Federzügen." Doch der Kaiser fragt sich noch: „Und meinen Leuten gilt's für gutes Gold? Dem Heer, dem Hofe genügt's zu vollem Sold? So sehr mich's wundert, muß ich's gelten lassen." Der Kanzler hakt flink ein und schildert den unaufhaltsamen Transmissionsmechnamismus: „Unmöglich wär's, die Flüchtigen (die Banknoten) einzufassen; mit Blitzeswink zerstreute sich's im Lauf. Die Wechslerbänke stehen sperrig auf: Man honoriert daselbst ein jedes Blatt durch Gold und Silber, freilich mit Rabatt. Nun geht's von da zum Fleischer, Bäcker, Schenken; die halbe Welt scheint nur an Schmaus zu denken, wenn sich die andre neu in Kleidern bläht. Der Krämer schneidet aus, der Schneider näht, bei „Hoch dem Kaiser!" sprudelt's in den Kellern, dort kocht's und brät's und klappert mit den Tellern."

Mephistos Plan ist aufgegangen; er faßt die neue geldpolitische Maxime zusammen: „Ein solch Papier, an Gold und Perlen statt, ist so bequem, man weiß doch was man hat; man braucht nicht erst zu markten und zu tauschen. Kann sich nach Lust in Lieb' und Wein berauschen. Will man Metall, ein Wechsler ist bereit, und fehlt es da, so gräbt man eine Zeit." Die Monetisierung unbekannten und damit imaginären Goldes ist geglückt.[1]

---

1 Anklänge an die „Deckung" der geplanten Roggenmark und der Rentenmark, die im November 1923 zur „Stabilisierung" der Mark führten, sind unverkennbar.

Am stabilsten sind materielle Ideale.

Michael Richter

Geld macht nicht glücklich;
manche machen sich ohne Geld unglücklich.

Hanns Linhardt

Es stimmt, daß Geld nicht glücklich macht.
Allerdings meint man damit das Geld der anderen.

George Bernard Shaw

„Welche Vorteile gewährt die doppelte Buchhaltung dem Kaufmanne!
Es ist eine der schönsten Erfindungen des menschlichen Geistes, und
ein jeder gute Haushalter sollte sie in seiner Wirtschaft einführen. ...
Ordnung und Klarheit vermehrt die Lust zu sparen und zu erwerben.
Ein Mensch, der übel aushält, befindet sich in der Dunkelheit sehr
wohl; er mag die Posten nicht gerne zusammenrechnen, die er schuldig
ist. Dagegen kann einem guten Wirte nichts angenehmer sein, als sich
alle Tage die Summe seines wachsenden Glücks zu ziehen. ... Welch
eine angenehme geistreiche Sorgfalt ist es, alles, was in dem Augen-
blicke am meisten gesucht wird und doch bald fehlt, bald schwer zu
haben ist, zu kennen, jedem, was er verlangt, leicht und schnell zu ver-

schaffen, sich vorsichtig in Vorrat zu setzen, und den Vorteil jedes Augenblickes dieser grossen Zirkulation zu genießen! Dies ist, dünkt mich, was jedem, der Kopf hat, eine große Freude machen wird. ... Nicht in Zahlen allein, mein Freund, erscheint uns der Gewinn; das Glück ist die Göttin der lebendigen Menschen."

Johann Wolfgang von Goethe,
Wilhelm Meisters Lehrjahre

Lieber Geld verlieren als Vertrauen.

Robert Bosch

Gute alte Zeit

„Um den hiesigen Einwohnern Gelegenheit zu geben, ihre kleinen Ersparnisse zinsbar und sicher unterzubringen, und ihnen dadurch behülflich zu sein, sich ein Capital zu sammeln, welches sie bei Verheiratungen, Etablierung eines Gewerbes, im Alter oder in Fällen der Noth benützen können, hat die Stadtverordneten-Versammlung beschlossen, unter Garantie der Commune und unter des Magistrats und ihrer Aufsicht eine Sparkasse zu eröffnen."

Statut vom April 1818
zur Eröffnung der Berliner Sparkasse
im Berlinischen Rathaus

Das Geld, das man nicht verliert, braucht man zuerst nicht zu verdienen.

F. C. Willand

Ein Finanzplaner ist ein Mann, der morgen genau sagen kann, warum der gestern vorausgesagte Finanzbedarf heute nicht ausreicht.

aufgelesen von Gert Boegner

Krösos war der erste, der ein Geldmengenziel verkündete.
Wegen dieses Ziels ist er noch heute legendär,
denn dieses Ziel lautete: soviel Gold als möglich.
Im mathematischer Schreibweise lautet es : Au $\rightarrow$ max!

Karl Häuser

Ein Interessenverband ist eine Institution, die dafür sorgt,
daß das Geld unter Kollegen bleibt.

Ralph Boller

Die Frau erfand den Schmuck,
der Mann machte das Geld daraus.

Wilhelm Gerloff

Mann mit zugeknöpften Taschen,
dir tut niemand was zulieb:
Hand wird nur von Hand gewaschen;
wenn du nehmen willst, so gib!

Johann Wolfgang von Goethe

Einer, der sein Leben lang einen Lederbeutel voller bunter Steine hü-
tet, die er für Edelsteine hält, der ist reich, auch wenn es bunte Glas-
stückchen sind. Er darf nur den Beutel nicht aufmachen. ....

Kurt Tucholsky

Arm ist nicht derjenige, der wenig hat,
sondern derjenige, der mehr wünscht.

Lucius Annaeus Seneca

Sparsamkeit ist eine Tugend, die man vor allem an den Vorfahren
schätzt.

Werner Schneyder

Arbeit und Leute

Des Menschen Größe besteht weder im Wissen noch im Sprechen,
sondern im Handeln.

Franz Grillparzer

Nichts als Träger:

Aktenträger
Amtsträger
Bedenkenträger
Briefträger
Brillenträger
Hoffnungsträger
Interessenträger
Kofferträger
Lastenträger
Leistungsträger
Ordensträger
Sargträger
Überträger
Verantwortungsträger
Würdenträger
Zeitungsträger
Man wird träger.

Peter Eichhorn

„Wenn Dein Bruder, Hebräer oder Hebräerin, sich Dir verkauft, soll er Dir sechs Jahre als Sklave dienen. Im siebten Jahr sollst Du ihn als freien Mann entlassen".

Bibel, Buch Deuteronomium,
Kapitel 15, Vers 12

Aus dieser Stelle wird allgemein gefolgert, daß, soweit es sich aus dem Zusammenhang nicht anders ergibt, mit Brüdern auch Schwestern gemeint sind.

gefunden von Karl-Heinz Forster

Die Arbeit,
die Vergnügen macht,
wird zum Ergötzen.

Shakespeare

Ein Mensch ohne Lächeln
sollte keinen Laden auftun.

chinesisches Sprichwort

44

Ein zerstreuter Professor
sagt A, schreibt B, meint C, und D ist richtig.

Ein langweiliger Professor
sagt A, schreibt A, meint A, und A ist richtig.

Ein schlechter Professor
sagt A, schreibt A, meint A, und A ist nicht richtig.

erzählt von Wolfgang Eichhorn

Büchernarr

„Ich brauche noch Bücher für meine Bücherwand."
„Was haben Sie denn?"
„Mahagoni."
„Nein, ich meine, was fehlt Ihnen an Büchern?"
„Sechs Meter."
„Nein, ich meine doch, welche Art?"
„Ledereinbände!"

Professor Dr. Herbert Jacob, Hamburg, prüft einen Diplomanden, dessen Leistungen bisher nicht sehr gut waren:
Der Kandidat erhält eine weitere Chance und wird gefragt: „Auf welcher Seite der Bilanz stehen die Rückstellungen?"
Seine Antwort: „Links."
Darauf Professor Jacob: „Hm, das scheint mir nicht ganz richtig zu sein."
Mit dem Mut der Verzweiflung antwortet der Prüfling wie aus der Pistole geschossen: „Das kommt darauf an, ob man hinter der Bilanz steht oder davor."
Diese Antwort hat bei der Notenfestlegung für den Kandidaten gesprochen.

erzählt von Karl-Werner Hansmann

„Man behauptet, daß Sie Schulden haben."
„Unsinn, das sind nur üble Gerüchte, die meine Gläubiger verbreiten!"

gefunden bei S. Sichtermann

Ideologen sind Leute, die glauben,
daß die Menschheit besser ist als der Mensch.

Dwight D. Eisenhower

Professor Dr. Hanns Linhardt, Nürnberg, hatte die Angewohnheit, zu Beginn der eigentlichen BWL-Prüfung eine allgemeine Frage zu stellen. Er versprach sich davon offenbar eine entspannte Atmosphäre (und erreichte oft das Gegenteil).

Zum Beispiel fragte er nach dem Gewicht des Quelle-Katalogs oder nach dem Preis eines Sommerkleides. Ein Prüfling sollte wissen, welche Blumen am Haupteingang der Universität in der Findelgasse wüchsen. Der Kandidat antwortete ahnungslos, aber risikofreudig, und schlagfertig: „Stiefmütterchen."

Professor Linhardt spielte mit und sagte: „Ach, ich sehe, Sie gehen mit offenen Augen durch die Welt."

erzählt von Peter Eichhorn

Die Zentrale

Die Zentrale weiß alles besser. Die Zentrale hat die Übersicht, den Glauben an die Übersicht ... Gnade Gott dem untergeordneten Organ, das wagte, etwas selbständig zu tun! Ob es vernünftig war oder nicht, ob es nötig war oder nicht – erst muß die Zentrale gefragt werden ...
In der Zentrale sitzen nicht die Klugen, sondern die Schlauen ... Einer hackt Holz, und dreiunddreißig stehen herum – die bilden die Zentrale ...
Die Zentrale ist eine Einrichtung, die dazu dient, Ansätze von Energie und Tatkraft der Unterstellten zu deppen. Der Zentrale fällt nichts ein, und die anderen müssen es ausführen. Die Zentrale ist eine Kleinigkeit unfehlbarer als der Papst, sieht aber lange nicht so gut aus ..."

Kurt Tucholsky (unter Pseudonym Peter Panter),
in: „Die Weltbühne", Nr. 13, S. 488, 31.3.1925

An allem Unfug, der geschieht,
sind nicht nur die schuld, die ihn begehen,
sondern auch diejenigen, die ihn nicht verhindern.

Erich Kästner

Ein guter Redner spricht frei über das, was er sagen will, bereitet aber
sehr sorgfältig vor, was er nicht sagen will.

Michel Jobert

Man kann nicht mit der Faust auf den Tisch hauen,
wenn man seine Finger überall drin hat.

Dieter Hildenbrandt

Mozart & McKinsey:
Die Visionen vom Machtkampf in der Triade

Theo Siegert

I. Ouvertüre

Auch zum 200. Todestag von Mozart ist das Rätsel nicht gelöst worden, wie die freimaurerischen Elemente in der Zauberflöte, auf welche Weise die dreifachen Gegensatzpaare von

- Tag/Nacht,
- männlich/weiblich,
- Ost/West

zu interpretieren sind, wie die stark differenzierende Charakteranlegung in ihrer Tiefenstruktur durch den Komponisten tatsächlich angelegt ist und warum das Ende der Oper so abrupt kommt.

Sicher ist, daß es das Ziel der Freimaurer als dem Fortschritt verpflichtete Technologieberater war, nicht nur die Kräfte der Gegenwart, sondern vor allen Dingen jene Kräfte, die in die Zukunft wirken, zu erkennen und zu erforschen. Angelegt in der Zauberflöte ist eine kühne geopolitische Technologie-Prognose, die weit über das hinausgeht, was zu jener Zeit, als Amerika seine Unabhängigkeit noch nicht erklärt hatte, die Öffnung von Japan noch über drei Generationen auf sich warten ließ, an prognostischer Kraft zu erwarten war.

Das Triadische in der Konzipierung der Zauberflöte führt dazu, daß permanent drei Dimensionen nebeneinander Bestand und wechselwirkende Gültigkeit haben:

- die Rolle der Geschlechter als produktive Konzeption und Widerpart (männlich/weiblich),
- die Rolle des gesellschaftlichen und technologischen Fortschritts und seiner humanistischen Opportunitätskosten (Tag/Nacht),

– ein geopolitisch-technologisches Wettbewerbskonzept, das sich erst den Spätgeborenen enthüllt (Ost/West).

Im folgenden wird aufgezeigt, wie klar in der Konzeption der Zauberflöte die geopolitische Wettbewerbsdynamik erkannt wurde, die im Augenblick unter dem Stichwort der Triade als Wettbewerbskampf von Humanismus und Effizienz zwischen den Blöcken USA, Japan und Europa tobt.

Vor der eigentlichen Textexegese sei nur soviel angedeutet:

– Die Königin der Nacht ist als Repräsentantin des Abendlandes zugleich Symbol für die europäische Industrie.
– Sarastro aus dem Land der aufgehenden Sonne und des Männlichkeitskultes ist leicht als Exponent der japanischen Macht zu identifizieren.
– Monostatos ist zum Zeitpunkt der Handlung schon Sarastros Sklave; die Abhängigkeit der amerikanischen Industrie von der überlegenen Technologie Japans ist hier kühn vorweggenommen.
– Tamino ist ein Parzival des Fortschritts, karrierebewußt, skrupellos und Symbol für seelenloses Leistungsstreben.
– Pamina verkörpert dagegen weibliche Intuition und Tiefe ebenso wie traditionelle abendländische Phantasie und Innovationskraft. Die teilweise eklatante Frauenfeindlichkeit in der Zauberflöte findet aus östlicher Perspektive, wie zu zeigen sein wird, hier ihre tragisch sublimierte Sinngebung.
– Papageno als einziger steht für sich selbst. Dramaturgisch tritt er immer dann auf, wenn die Aussichtslosigkeit der Handlungsentwicklung ein burleskes Intermezzo erfordert.

Generell ist die Zauberflöte eine Parabel auf den gesellschaftlichen Fortschritt. Das Gesamtkonzept ist jedoch gleichzeitig differenzierter angelegt. Es handelt sich um ein Konzept von „Gesellschaft", das nicht nur die soziale Gesellschaft des 18. Jahrhunderts umfaßt, sondern Gesellschaft sich als triadisches System zu integrieren weiß.

Liebevoll wird die primitive Tauschwirtschaft eines Papageno dargestellt, und dennoch wird dem Zuschauer widerstrebend bewußt, daß es
sich um den burlesken Charme einer untergehenden Welt handelt.
Schonungslos legt Mozart offen, wie hoch der humanistische Preis für
das Begeben in die freiwillige Abhängigkeit technologischer Lei-
stungszwänge ist. Dies ist das eigentliche dramatische Thema: Die
Entzauberung des vorgegebenen Fortschritts.

Im folgenden ist im Rahmen der Textexegese darzustellen, inwieweit
das Fortschritts-Konzept der Freimaurer zur Erklärung gesellschaftli-
cher Prozesse geeignet ist und welches die konkrete Bedeutung von
Fortschritt in den unterschiedlichen Bedeutungsebenen ist. Vor allem
aber muß dargestellt werden, wie Schikaneder und vor allem Mozart
diesen Fortschrittsglauben bewerten.

Man ist erstaunt festzustellen, wie viele „zeitgemäß" erscheinende Er-
klärungsversuche in einer Oper angelegt sind, die ein mit supranatio-
nalen Gaben ausgestatteter Komponist in der Todesnähe seines letzten
Lebensjahres zu triadischer Vieldeutigkeit, phantastischer Humanität
und kühner Gesellschafts- und Technologieprognose zu entwickeln
vermochte.

II. Introduktion
(Die These stützende Einzelbeispiele)

Leicht kann man durch ein Gedankenexperiment überprüfen, ob Mozart auch die dritte Dimension, nämlich das Technologiekonzept, in
die Zauberflöte eingearbeitet hat, denn diese These bedarf zuvörderst
der Legitimation.

Klassische Elemente jeglicher aktuell rezipierten Technologiekonzep-
tion sind:

(1) Qualität in einer arbeitsteiligen und technologisch distinkten Welt,
(2) Zeit als Wettbewerbswaffe,
(3) Innovationspotential,
(4) Ausbildung als Erfolgsfaktor in der Wettbewerbsdynamik.

Wenn wir diese typischen Merkmale technologischer Wettbewerbssysteme in der Zauberflöte finden, dann ist die Hypothese von der technologisch gemeinten Entzauberung des Fortschritts nicht signifikant widerlegbar.

Beginnen wir mit der Bedeutung von *„Qualität"* (1) als Grundlage jedes progressiven Produktionsprozesses. Die gesamte Prüfung, der Tamino sich als fortschrittsgläubiger Repräsentant des Leistungswettbewerbs ohne Bedenken und ohne humanistische Regungen unterzieht, ist das Abbild eines gigantischen Qualitätstests. Aber auch explizit wird von Sarastro das „total quality concept", das sich in der neuesten Literatur konsequent zu einem „zero defect management" wandeln wird, eingeführt:

> „Führt diese beiden Fremdlinge
> in unseren Prüfungstempel ein;
> bedeckt ihre Häupter dann,
> sie müssen erst gereinigt sein."

Klarer als in der Existenz des Prüfungstempels läßt sich ein „total quality concept" kaum darstellen, und die Reinigungszeremonie ist als jene Vorstufe der extremen Staubreinheit der Luft zu interpretieren, die für die Chip-Produktion notwendig ist, in der Japan führend ist.

Wenn etwas zur Bedeutung von Innovation und *„Zeit als Wettbewerbswaffe"* (2) gesagt wird, dann muß man es aus dem Munde Paminens vermuten, die als Repräsentantin weiblicher Intuition und Innovation ihre wundersam verflochtene Rolle spielt. Klarer als durch Paminas Mund kann man sich die drängende Mahnung an das Management nicht denken, jederzeit mit Entschlossenheit den Wettbewerbsvorsprung vor Konkurrenten zu verteidigen, so verbissen und vehement die Verfolgungsjagd der Konkurrenten auch sein wird:

> „Schnelle Füße, rascher Mut,
> schützt vor Feindes List und Wut."

Es sind also die Elemente, die zur Erklärung der dritten Dimension der Zauberflöte dienen, nicht nur klar im Libretto angelegt, sondern sie werden durch Mozarts Musik auch besonders herausgearbeitet.

Ebenso deutlich sind die Gefahren dargestellt, die dem technologischen Fortschritt in der Wettbewerbsdynamik drohen. Die erste Gefahr und die ergreifendste musikalische Formulierung dient der Bedrohung durch Verlust des *Innovationspotentials* (3). Wie konnte man diese Befürchtung drängender und inniger musikalisch fassen als in Paminas Arie:

„Ach, ich fühl', es ist verschwunden",

und wie kann man klarer die triumphalistische Gebärde einer der Konkurrenz überlegenen Industrie (sei es die japanische Autoindustrie oder die japanische Halbleiterindustrie) darstellen als durch die Intonation von:

„Die düstere Nacht verscheucht der Glanz der Sonne".

Daß jede aufwärtsstrebende Macht versucht, sich unter dem Vorwand der *Ausbildung* (4) der Jugend zu bemächtigen, demonstriert augenfällig eine der wunderschönsten und dabei auch abgründigsten Szenen (nämlich der Einsatz der drei Knaben, auf deren dialektische Rolle als Head-Hunter Sarastros später noch einzugehen sein wird) mit dem beziehungsreichen Titel:

„Bald prangt, den Morgen zu verkünden".

Diese Zitate mögen genügen, um die These zu erhärten, daß in der triadischen Konzeption der Zauberflöte dem Späterkennenden weit mehr gegenübertritt als allein durch die Dimension der Gegensatzpaare männlich/weiblich, Tag/Nacht und Ost/West darstellbar wäre.

Das Drama der nicht vollzogenen Emanzipation in einer artistokratischen Welt mündet in eine technokratische Herrschaftsfolge, die vom Abendland und ihrem Symbol, der Königin der Nacht, über ein bei Mozart nur kurz angedeutetes Zwischenspiel mit Amerika (die später zu beschreibende Verbündung der Königin der Nacht mit Monostatos) zur Herrschaft des Landes der aufgehenden Sonne führt, die, wie uns Mozart subtil vor Ohren führt, in ihrer ritualhaften Männlichkeit zwar technisch erfolgreich sein mag, aber mit dem Sieg des technologischen Effizienzstrebens über den Humanismus nicht jene Tiefe der menschlichen Empfindungen zu erfassen vermag, die Mozart einerseits im Beziehungsfeld zwischen der Königin der Nacht und Pamina so unnachahmlich innig und tief im Bewußtsein der Vergänglichkeit gestaltet hat, wie auch andererseits mit melancholischer Anmut in den Duetten von gesellschaftlichem Gegensatz und menschlicher Zuneigung zwischen Pamina und Papageno.

III. Durchführung
(Chronologische Interpretation)

Erster Aufzug

Der erste Auftritt beginnt mit einer nicht-intonierten Hymne an den Fortschritt, die durch das Auftreten fortschrittsfeindlicher Kräfte beendet wird. Tamino kommt in einem prächtigen javonischen (ein elegantes und beziehungsreiches Wortspiel, das auf Taminos spätere Bestimmung zielt) Jagdkleid mit einem Bogen, aber ohne Pfeil; eine Schlange verfolgt ihn. Es ist jene Schlange gemeint, die Adam vom Baum der Erkenntnis kosten ließ. Erkenntnis als des Fortschritts Feind?

Schon in der Eröffnungsszene wird Dialektik auf die Spitze getrieben: Tamino ist die Inkarnation von Fortschritt und Fortschrittsdrang. Tamino, der den Bogen ohne Pfeil mit sich führt, ist die personifizierte leichtsinnige Fortschrittsgläubigkeit.

In dieser dramatischen Introduktion deuten Schikaneder und Mozart gleichzeitig auch das geopolitische Konzept in der Zauberflöte an. Mit der leichten Anspielung und der dezenten Verkleidung des Wortes „javonisch" wird schon früh der Akzent zum Land der aufgehenden Sonne gelenkt, zu jenem Land, in dem sich Fortschritt und Technologie als Chance und Gefahr am mächtigsten entfalten.

Gerettet wird Tamino durch die drei abgesandten Damen der Königin der Nacht. Dankbar empfindet Tamino die Rettung durch eine höhere Macht: daß er die Schlange als bösartig bezeichnet, zeigt, wie weit sich Fortschritt von Erkenntnis gelöst hat.

Den zweiten Auftritt kennzeichnet der dramaturgische Kontrast zur Fortschrittsideologie. Der Charme der untergehenden Welt des Abendlandes feiert in der burlesken Figur des Papageno, der anheimelnden Fortschrittslosigkeit seiner Tauschwirtschaftswelt und in der Liebenswürdigkeit seines Charakters seinen Bühnenerfolg. Aufschlußreich für das geopolitische Konzept von Schikaneder ist, daß Tamino seinen Vater zwar als Fürsten bezeichnet, der über viele Länder und Menschen herrscht, eine weitere Präzisierung aber unterläßt. Hat Fortschritt keine Heimat?

Im dritten Aufzug überreichen die drei Damen Tamino das Porträt von Pamina. Die Fortschrittsskepsis, die in der Rettung vor der Schlange deutlich wurde, mündet in eine erneute spannungsreiche Dialektik: Tamino besingt das Abbild von Pamina mit Tönen der Tiefe und Liebe, die er in Paminas Gegenwart niemals wiederfinden wird. Zum ersten Mal wird der ideologische Charakter von Tamino und seine posthumanistische Prägung preisgegeben.

Die Unnatürlichkeit der Empfindung, das Abbild stärker zu verehren als das Original, zeigt die Qualität von Taminos Fortschrittsideologie und Innovationsglauben. In der Zeile:

„Soll die Empfindung Liebe sein?"

wird das Artifizielle dieser Beziehung besonders deutlich. Für Papageno wäre eine solche Frage widernatürlich. Papageno fühlte die Antwort vor der Frage.

Die Bedeutung von Eigentumsrechten (property rights) für den technologischen Fortschritt und das Konzept aristokratischer wie technokratischer Aneignung wird zum ersten Mal angedeutet und von Tamino zunächst unverdächtig emphatisch besungen mit den Worten:

„Ewig wäre sie dann mein".

Im sechsten Auftritt gibt die Königin der Nacht in einer ergreifenden Arie mit differenzierenden Klangfarben die Dramatik einer tiefstrukturierten historischen und ausdrucksvoll kolorierten seelischen Landschaft preis. Die Spannung wächst zusätzlich durch die geopolitische Dimension. Der Verlust von Pamina (d.h. der Innovationskraft) würde für Europa eine empfindliche Einbuße an Wettbewerbskraft bedeuten. Daß derjenige, der mit Pamina entfloh, nur ein Bösewicht sein kann, ist im Schmerz dieser großen Arie ausgedrückt. Die Verzweiflung der Mutter ist so groß, daß sie Pamina, nur um sie wiederzusehen, selbst einem Mann mit Taminos Charakter verspricht.

Symptomatisch ist Taminos späte Reaktion:

„Ist's denn auch Wirklichkeit, was ich sah?"

Die tatsächlich erlebte Wirklichkeit des Leidens einer Mutter vermag er nicht zu erkennen. Dagegen ist Tamino mit ideologischer Inbrunst in der Lage, sich in ein Porträt von Pamina zu verlieben. Fortschritt als Idolglaube kann nicht theatralischer demaskiert werden:

„Ich kann nichts tun als Dich beklagen,
weil ich zu schwach zu helfen bin".

Sarastro ist als Repräsentant der technokratischen Herrschaft der mächtige und böse Dämon, gegen den Tamino kämpfen soll, und Flöte und Glockenspiel als ironische Symbole von Technologie und Fortschrittsverliebtheit sind der einzige Schutz, den seinen Verteidigern zu bieten die Königin der Nacht, und damit das Abendland, in der Lage ist.

Die Qualität des Standortes „Europa" porträtiert ein hellsichtiger Schikaneder schon vor den industriellen Revolutionen, die diesem Kontinent seine langjährige Vormachtstellung verleihen werden, als eine zeitweilige.

Die Einführung einer dritten dialektischen Kraft, nämlich derjenigen der drei Knaben, beweist, daß nicht immer das Rettende dort wächst, wo Gefahr ist. Angeblich sollen sie im Auftrag der Königin der Nacht den Weg zu Sarastros Burg weisen. Es bleibt jedoch der weiteren Handlung vorbehalten, die wahre Gesinnung dieser ersten Head-Hunter und ihr berufstypisches Doppelagententum aufzuzeigen.

Der zehnte Auftritt zeigt Monostatos als Peiniger. Deutlich ist der Hinweis auf Leistungsdruck und Aussichtslosigkeit einer effizient produzierenden US-Welt, deren einzige menschliche Manifestationen sich in Sex & Crime-Allegorien zu erschöpfen scheinen.

Die Fesselung durch Monostatos und damit die symbolische Fesselung von Innovation und freier Schöpferkraft beantwortet Pamina mit dem Todeswunsch. Papageno rettet sie durch seine Natürlichkeit und gibt ihr neue Hoffnung als Abgesandter der sternflammenden Königin.

Die Innigkeit der folgenden Szene zwischen den gesellschaftlich so verschiedenen Repräsentanten des Abendlandes, Pamina und Papageno, ist von vielen Interpreten des dritten und vierten Standes zunächst als musikalischer Emanzipationsversuch gedeutet worden. Musikalisch gestaltet hat Mozart sie jedenfalls:

„Bei Männern, welche Liebe fühlen,
fehlt auch ein gutes Herze nicht."

„Mann und Weib und Weib und Mann
reichen an die Gottheit an."

Die direkte und natürliche Sprache in der Beziehung zwischen Pamina und Papageno kennzeichnet eine der Passagen höchster Innigkeit in der Zauberflöte. Der „eigentliche" Held ist zu ideologiebefangen, denkt zu abstrakt und esoterisch, um so mit Pamina sprechen zu können, wie es Papageno mit Leichtigkeit erreicht. Die angedeutete Dialektik der Mann/Weib-Beziehung als eines der triadischen Elemente in der Konzeption der Zauberflöte löst sich hier vorübergehend auf.

Wie wichtig Mozart dieses zarte Intermezzo war, zeigt der musikalische Aufbau dieses Duetts. Hier wird von diviner Partnerschaft gesungen, von heiteren Gefühlen bei der Ankunft im Lande eines vorübergehenden Lächelns.

Berufsspezifisch verspätet treten die drei Knaben im fünfzehnten Auftritt nach mehreren Ankündigungen zum ersten Mal auf. Die Lehre der drei Knaben ist ebenso typisch für ihr Gewerbe wie schillernd:

„Sei standhaft, duldsam und verschwiegen".

Die Betonung der letzten Tugend, der Verschwiegenheit, muß als klarer Hinweis auf die Bedeutung von Eigentumsrechten, insbesondere Patentrechten, für die Fortschrittsentwicklung gesehen werden. Solange derartige Rechte nicht registriert und geschützt sind, hilft nur Schweigsamkeit. Das Gebot der Standhaftigkeit ausgerechnet von diesen Head-Huntern zu hören, wirkt dagegen merkwürdig.

Den harten Kontrast zur humanistischen Beziehung zwischen Papageno und Pamina setzen Schikaneder und Mozart mit dem Männlichkeitshochmut der Priester, die Sarastro umgeben:

„Ein Weib tut wenig, plaudert viel".

Gleichzeitig enthüllen die Worte des Priesters das Ziel von Sarastros Herrschaft, und insbesondere die Absicht, sich Tamino zu verpflichten:

„Sobald Dich führt der Freundschaft Hand
in's Heiligtum zum ewigen Band",

was nichts anderes bedeutet, als daß sich die ursprünglich nur kopierende japanische Industrie nun endgültig des Fortschritts vergewissern will, indem sie versucht, eindimensionale Technokraten auf ihre Seite zu ziehen. Wer diese industrielle Interpretation der technologischen Prognose anzweifeln wollte, die in der Zauberflöte angelegt ist, der sei darauf verwiesen, wie wenig originell die abgelauschten Technologiekonzepte unserer zeitgenössischen unternehmens-beratenden Geheimlogen sind:

„Schnelle Füße, rascher Mut
schützt vor Feindes List und Wut"

ist doch nichts anderes als eine dichterische und allegorische Verwebung des Motives „Zeit als Wettbewerbswaffe" in den Kontext einer Oper. Wer nicht wahrhaben möchte, daß es sich hier um eintönige Managementslogans amerikanischer Provenienz handelt, dem wird durch den folgenden Auftritt Monostatos' die geopolitische Dimension der Technologie- und Gesellschaftskritik in Mozarts Oper klargemacht. Im 17. Auftritt des Monostatos wird die Technologieverliebtheit der Amerikaner liebenswürdig verspottet: denn nicht anders kann die Reaktion von Monostatos und seinen Sklaven auf das Glockenspiel von Papageno und seine Verzauberung interpretiert werden.

Erneut zeichnen Schikaneder und Mozart einen scharfen Kontrast, nämlich den der prunkvollen Herrschaft des Sarastro unmittelbar nach der Tändelei von Monostatos. Das Bekenntnis von Pamina, daß der böse Mohr Liebe verlangt und sie deshalb zu fliehen versuchte, hat auf den triadischen Handlungsebenen unterschiedliche Bedeutungen. Auf der Ebene männlich/weiblich bedeutet es Verweigerung und Herausfoderung in einem; auf der gesellschaftlichen Ebene Zurückweisung von Unstandesgemäßem, und in der geopolitischen Dimension wie auf der technologischen Ebene ist es die Zurückweisung des Überfremdungsversuches, der in der amerikanischen Herausforderung symbolisiert wurde.

Sarastro antwortet sehr direkt:

> „Denn ohne erst in Dich zu dringen",

und dies ist die einzig moralisch bedenkliche, weil mißverständliche, Formulierung, die sich Schikaneder erlaubt und die Mozart natürlich mit Genuß vertont hat.

Der technologische Herrschaftsanspruch wird hier auf die Mann/Weib Beziehung transzendiert

> „Zur Liebe will ich Dich nicht zwingen,
> doch geb ich Dir die Freiheit nicht"

und kennzeichnet eine Minimum-Pattsituation, die zwar den amerikanischen Wettbewerber durch das Nichterringen der europäischen Innovationskraft relativ verlieren läßt, doch noch nicht den endgültigen japanischen Triumph bedeuten kann.

Auf den stolzen, imperialistischen Anspruch, der von der staatlichen Ebene auf die Ebene der Wirtschaftstechnologie übertragen wird, deutet jedoch hin:

„Ein Mann muß Eure Herzen leiten"

Dieses Konzept wird im 19. Auftritt durch den scheinbaren Sieg Monostatos' mit der Gefangennahme des durch Tamino symbolisierten Fortschritts (aber auch des Fortschrittsglaubens) unterbrochen. Kennzeichnenderweise treffen sich Pamina und Tamino in dieser Lage: Fortschritt und Innovation drohen zum ersten Mal zur Domäne des Ostens zu werden.

Daß der Kampf um wirtschaftliche Vorherrschaft gnadenlos ist und nicht durch Gefälligkeitsgeschenke erkauft werden kann, zeigt die Reaktion von Sarastro auf Monostatos' Bitte um den Gnadenbeweis nach erfolgreicher Ausübung seiner Vasallendienste:

„Nur siebenundsiebzig Sohlenstreich"

sind der Lohn, und dies bezeichnet Sarastro als Pflicht, da er angeblich keine Intervention im fairen Kampf von Innovation und Fortschritt um die Wettbewerbsführung zwischen der japanischen und der europäischen Industrie, sei es die Halbleiterindustrie oder die Automobilindustrie, dulden will. Man könnte einwenden, daß diese Interpretation zu direkt auf unsere heutige Situation bezogen sei. Doch Sarastro selber führt die Gegenrede:

„Führt diese beiden Fremdlinge
in unsern Prüfungstempel ein"

und beweist damit die Bedeutung von japanischen Qualitätskonzepten im geopolitischen Wettbewerb.

Zweiter Aufzug

Die Bedeutung der Aufgabe, Tamino und Pamina seinem Herrschafts-
bereich zu integrieren, beschreibt Sarastro mit den Worten:

> „Daß unsere heutige Versammlung
> eine der wichtigsten unserer Zeit ist".

Die Metapher, daß Tamino

> „seinen nächtlichen Schleier von sich reißen
> und ins Heiligtum des größten Lichts blicken"

will, kennzeichnet deutlich seine Abkehr vom abendländischen, durch
Pamina beeinflußten, humanistischen Denken, das hier als „schwarzer
Schleier" denunziert wird.

Das „Heiligtum des größten Lichts" kennen und erblicken zu können,
erscheint in östlicher Perspektive als natürliches Fortschrittsziel. Jedoch auch dieses Licht ist nicht ohne Schatten. Das Feindbild ist das
Abendland, und hier insbesondere Materialismus und Feminismus in
allen ihren Erscheinungen:

> „Das Weib dünkt sich groß zu sein, hofft durch
> Blendwerk und Aberglauben das Volk zu berücken."

Dies sind die einzigen Tatbestände, die die japanische Industrie derzeit
noch fürchten muß: den europäischen Wettbewerbsvorsprung bei De-
sign (Blendwerk) und Image (Aberglauben).

Wie hart der Kampf sein wird, zeigt die Antwort von Sarastro auf den
zweifelnden Sprecher, ob Tamino denn die Prüfung bestehen könne.
Wenn nicht:

> „wird er der Götter Freuden
> früher fühlen als wir".

Daß der Kampf um Fortschritt, Innovation und Vorherrschaft auf Leben oder Tod geht, ist auch den Nichteingeweihten klar. Die Eindeu-

tigkeit oder der Zynismus in der Sprache von Sarastro ist jedoch ent-
hüllend:

„Schenket der Weisheit Geist dem neuen Paar"

zeigt, daß die Verbindung zwischen Pamina und Tamino nicht die Förderung menschlicher Empfindung durch Sarastro ist. Die Verbindung
entspringt einem Kalkül der Herrschsucht und nicht der Menschen-
freundschaft. Das Verhältnis von Innovation, Fortschritt und Macht ist
eben die Sicherung des Herrschaftsverhältnisses in einer entscheidenden Phase der Weltgeschichte.

Die Passage:

„Laßt sie der Prüfung Früchte sehen"

illustriert wiederum deutlich, daß die japanische Industrie das „total
quality concept" als ihr Gralskonzept und ihren entscheidenden Wettbewerbsvorsprung betrachtet.

Die vollkommene Verblendung von Tamino zeigt sich, als er gezwungen ist, sein Motiv der abstrakten und unbedingten Fortschrittsgläubigkeit als „Freundschaft und Liebe" zu maskieren. Sein materialisti-
sches Liebesverständnis und die Projektion seines technokratischen
Fortschrittsglaubens in die Welt der Gefühle wird deutlich durch die
Formulierung:

„Pamina sei mein Lohn".

Angesichts eines solchen Charakters muß Papageno in der nächsten
Szene mit seiner Natürlichkeit, Naivität und Direktheit den Zuschauer
von den fatalen Konsequenzen von Taminos Lebensauffassung und
Aneignungszwang ablenken und erheitern. Noch einmal wird seine
Fähigkeit zum Lebensgenuß, seine Natürlichkeit sowie die einfache
Welt der Tauschwirtschaft liebevoll porträtiert. Den großen Konzep-
tionen sieht er mit einer beinahe angelsächsischen Nüchternheit skep-
tisch entgegen:

„So oft einen die Herren verlassen,
so sieht man mit offenen Augen nichts".

Dies bedeutet eine subtile Anspielung auf die unterschiedlichen Ebenen, in denen die Zauberflöte spielt. Papageno wiederum vermag nur in seiner Welt zu spielen; Stärke und Schwäche zugleich.

Doch auch dieses positive Intermezzo wird unterbrochen und durch ein wiederauflebendes Feindbild kontrastiert. Nicht nur ist die Königin der Nacht Symbol der europäischen Industrie; hier werden Frauen insgesamt und mit ihnen die natürlichen Regungen, die den ideologischen Zwängen widersprechen, zum Feind erklärt. Was uns allerdings die Worte suggerieren sollen, läßt Mozart durch kontrastreiche, skeptische Musik und durch die bewußte Betonung der Hohlheit der Phrase in seinem Anspruch musikalisch in sich zusammenfallen:

„Bewahret Euch vor Weibertücken,
dies ist des Bundes erste Pflicht!"

Daß dieser Kampf ernstgemeint ist und nicht eine intellektuelle Spielerei darstellt, beweist der Schlußvers des Duettes:

„Tod und Verzweiflung war sein Lohn".

Der fünfte Auftritt zeigt Tamino in der Phase der Verwandlung. Die Königin der Nacht und ihren Auftrag hat er vergessen, seine Angestammtheit im Abendland beginnt er zu leugnen, obwohl er es noch nicht weiß. Er glaubt schon, zu den Erleuchteten zu gehören und illustriert diesen Irrglauben durch Arroganz im Bewußtsein, überlegenes Wissen bald zu haben:

„Ein Weiser prüft und achtet nicht,
was der gemeine Pöbel spricht."

„Sie ist ein Weib, hat Weibersinn,
Geschwätz von Weibern nachgesagt."

Der theatralische Schlußchor:

„Hinab mit den Weibern zur Hölle"

und die musikalische Konzeption dieser Szene zeigt deutlich, was Mozart von dieser Art von menschlichem und gesellschaftlichem Fortschritt gehalten hat. Und wiederum ist es Papageno, der als einziger erfaßt, was hier geschehen ist. Nachdem die Musik verklungen ist, entringt sich ihm das triadische:

„Oh weh, oh weh, oh weh"!

Besonders aufschlußreich ist die Einschätzung des amerikanischen Durchhaltewillens und amerikanischer Zielgerichtetheit, die sich in dem zweiten Versuch von Monostatos zeigt, Pamina zu der Seinen zu machen. Es ist einleuchtend, von welcher Bedeutung es in dieser Lage des Kampfes zwischen den drei geopolitischen Zentren ist, Pamina als Symbol der Humanität, als Quelle von Innovation und Inspiration zu besitzen:

„Welcher Mensch würde bei so einem
Anblick kalt und umempfindlich bleiben?"

Selbst der zweite Versuch von Monostatos, Pamina zu gewinnen, erscheint persönlicher und natürlicher zu sein als das kalte und berechnende Kalkül von Sarastro. Die Gefühle sind selbst diesem unziemlichen Versuch inhärent:

„Alles fühlt der Liebe Freuden".

Doch ist die europäische Industrie alleine noch kraftvoll genug, diesen Versuch einer sich deklassierenden Macht abzuweisen. Die Königin der Nacht läßt Monostatos zurückprallen. Aber Paminas Erklärung, daß sich Tamino den Eingeweihten gewidmet habe, zeigt wiederum die Grenzen des Wachstums des Einflusses der Königin der Nacht:

„Nun bist Du auf ewig mir entrissen".

Die entscheidende Tragik des Kampfes um Einfluß, Fortschritt und Herrschaft enthüllt sich in dieser Szene, in der die Mutter erkennen muß:

„Deine Mutter kann Dich nicht mehr schützen";

eine Erfahrung, die Eltern seit Generationen machen müssen, und die gleichzeitig in resignativem Schmerz kaum zu übertreffen ist. Denn es war kein Kampf unter Gleichen, der zu dieser Machtkonstellation geführt hat: Paminas Vater

„übergab freiwillig den siebenfachen
Sonnenkreis den Eingeweihten".

So wie das Laster eine der sieben Todsünden ist, so ist die Selbstaufgabe die Todsünde im internationalen Wettbewerbskampf. Die historische Wurzel von Strategiekonzepten ist im „siebenfachen Sonnenkreis" hier zum ersten Mal entwickelt worden. Die Parallele zu den 200 Jahre später erstmalig ans Licht der Öffentlichkeit getretenen gerühmten 7-S-Strategemen von McKinsey ist frappant. Kann man stärkere Parallelen zwischen Freimaurern und Unternehmensberatern ziehen als es in der Genealogie dieses Opus vom Fortschritt und seinen Dienern, Beförderern und Nutznießern getan wurde? Wie ungerecht wäre demnach der Kopiervorwurf an eine falsche Adresse: Amerikaner haben sich stattdessen alter europäischer Geheimnisse bedient.

Positiv ausgedrückt wird der internationale Wettbewerbskampf durch reines Expansionsstreben entschieden und nicht durch stetige harmonische Evolution, und dies wiederum ist folgerichtig

„dem weiblichen Geist unbegreiflich."

Paminas Sehnsucht zum Kompromiß beruht eben auf der Einsicht, daß jede mäßig geschützte Marktnische mehr Charme hat als ein vollständiger Verdrängungswettbewerb.

Es handelt sich hier um die entscheidende Stelle im Libretto, in dem nämlich die Mutter-Kind-Beziehung durch die humanistische Friedfertigkeit von Pamina gefährdet wird. Die Königin reagiert, wie es bei einer Fürstin mit den traditionellen kämpferischen Tugenden des Abendlandes erwartet werden darf. Aber mehr noch, sie verliert jedes Maß in dem Bewußtsein, daß es in dem kommenden geopolitischen Kampf keine Pattsituation geben wird. Diesem geopolitischen Prinzip zuliebe ist sie zur äußersten Selbstaufopferung einer Mutter bereit:

„So bist Du meine Tochter nimmermehr",

vielleicht in der Hoffnung, Paminas selbstaufgebende Zweifel zu zerstreuen. Das Motiv von Tod und Verzweiflung angesichts der drohenden Wettbewerbsoffensive taucht zum zweiten Mal auf.

Im zehnten Auftritt entwickelt Monostatos erneut sein Fusionsmotiv. In der Sprachebene „Mann/Weib" ist es die Aufforderung Monostatos', Pamina möge ihn lieben. Doch Pamina verweigert sich dem zweiten M & A – Versuch ohne zu wissen, welcher Kampf durch diese Entscheidung bestimmt sein wird.

Sarastro rettet Pamina und droht Monostatos, sein

„schwarzes Unternehmen"

mit höchster Strenge zu bestrafen; ein Verweis auf latenten japanischen Rassismus wie ein weiterer Hinweis auf die wirtschaftliche Dimension der Zauberflöte, die im Libretto angelegt ist. Scharf kontrastiert zu der vorgeblichen Milde Sarastros (was bedeutet Milde gegenüber einem zugrundegegangenen Wettbewerber?) ist seine tückisch verbrämte Friedfertigkeit:

„Allein, Du sollst sehen,
wie ich mich an Deiner Mutter räche",

die nämlich beschämt nach ihrer Burg zurückkehren soll. Die spätere Handlung wird zeigen, daß diese vermeintlich humanistische Perspektive nur das Ziel hat, Pamina im Innersten anzusprechen und durch die Möglichkeit eines vorgetäuschten Friedens zu verunsichern. Die gegenteiligen späteren Handlungen von Sarastro zeigen, wie unerbittlich der Wettbewerbskampf von Anfang an ist. Nur wenn man das tatsächliche Ende der Königin der Nacht kennt, kann man die Hohlheit und das Beschwichtigungspathos erkennen, das in der Wiederholungsarie klingt:

„In diesen heil'gen Hallen
kennt man die Rache nicht".

Die vermeintliche Verheißung der Rachelosigkeit schützt nicht; sie ist eine Ruchlosigkeit und eine Anleitung zur Selbstaufgabe.

Die düstere Prophezeihung wird theatralisch geschickt durch die Szene mit Papageno und der als häßliches altes Weib verkleideten Papagena aufgehellt. Doch wieder schickt Sarastro seine drei kleinen Head-Hunter mit einem erneuten Ablenkungsversuch. Sie bringen in Sarastros Auftrag Flöte und Glöckchen, die doch eigentlich von der Königin der Nacht zum Schutz der beiden ausersehen waren. Die drei Knaben ermahnen Tamino und Papageno nochmals stillzuschweigen, insbesondere gegenüber ihrem ersten Auftraggeber.

Dies führt in der nächsten Szene zu Paminas seelischer Katastrophe, als sich Tamino seiner vermeintlich höheren Ideologie wegen weigert, mit Pamina zu sprechen. Paminas Kränkung und Verzweiflung ist grenzenlos, und nur noch in der Arie:

> „Ach, ich fühl', es ist verschwunden,
> ewig hin der Liebe Glück"

erreicht die Differenziertheit der musikalischen Führung jene humanistische Intensität, welche für Paminas Charakterzeichnung durch Mozart typisch ist. In der zweiten Dimension des Librettos klingt hier an, daß Tamino als Repräsentant von Fortschritt und Fortschrittsgläubigkeit in Zukunft die Tiefe von Paminas Innovationskraft und humanistischer Indentifikation fehlen wird.

Von jetzt an büßt Pamina ihre Individualität ein, und sie wird zu einer bloß passiven Rolle finden müssen. Sie steht an der Seite ihres karrieresüchtigen Mannes um den Preis ihrer Lebensqualität. Tamino bleibt sprachlos und ungerührt. Damit ist es Zeit, zum ersten Mal den möglichen Triumph der japanischen Industrie zu feiern, intoniert vom Chor der Priester:

> „Die düst're Nacht verscheucht
> der Glanz der Sonne"

und bezogen auf Tamino:

> „Bald ist er unserem Dienste ganz ergeben."

Spiegelbildlich zeigt wiederum das Intermezzo mit Papageno und Papagena die Freuden eines geborgenen Lebens ohne Karriereambitionen. Einen Hinweis auf den wirtschaftlichen Kern aller Überlegungen und eine deutliche Warnung vor strategischen Allianzen enthalten Papagenos Worte:

„So ein Bündnis braucht doch auch seine Überlegung".

Doch das Unheil schreitet voran.

„Bald prangt, den Morgen zu verkünden,
die Sonne auf goldener Bahn"

enthüllt die jetzt eindeutige Parteinahme der drei Knaben für das Reich der aufgehenden Sonne. Das ursprünglich Menschliche:

„Mann und Weib und Weib und Mann
reichen an die Gottheit ran"

wird jetzt hierarchisch verwandelt in die Formel:

„Dann ist die Erd' ein Himmelreich
und Sterbliche den Göttern gleich."

Voyeurhaft treten die drei Knaben zur Seite, um Paminas Leid zu betrachten. Sie vertrösten Pamina mit der Hoffnung auf Gegenliebe:

„O liebtest Du wie ich Dich liebe,
Du würdest nicht so ruhig sein"

zeigte deutlich, wie unterschiedlich die Empfindungen sind, die Pamina und Tamino scheinbar aneinander binden. Diese Differenzierung wird vollständig aufgehoben im Gesang von Pamina und den drei Knaben:

„Zwei Herzen, die von Liebe brennen".

Die so unterschiedliche Bedeutung von Liebe im Abendland und in Japan, Unterschiede zwischen Klassen, Personen und Konzepten, sind hier wiederum in scheinbare Harmonie gebettet. Die Bedenkenlosigkeit Taminos illustriert seine Äußerung:

„Nun kann sie mit mir gehen";

Pamina dagegen versuchte, diesen gemeinsamen Gang zu verhindern.
Der Zynismus wird auf die Spitze getrieben durch den Gesang von Tamino und den Geharnischten:

> „Ein Weib, das Nacht und Tod nicht scheut,
> ist würdig und wird eingeweiht",

denn dies bedeutet die Aufgabe der natürlichen Instinkte, den Verzicht auf Intuition als Voraussetzung für die Gnade der Einweihung. Die als Wasserfluten und Feuergluten bezeichneten Gefahren sind wiederum ein starker geographischer Hinweis auf die vulkanische Beschaffenheit der Insel Japan.

Die folgende scherzhaft gemeinte Szene mit Papagenos Suizidversuch deutet leider an, was sich zwar ereignen wird, als Triumph verkleidet jedoch kaum zu erkennen ist: die Selbstaufgabe des Abendlandes.

Die letzte Gegenoffensive mit Monostatos als Verbündetem der Königin der Nacht wird scheitern, obwohl die Königin als einzige unbeugsame Kampfkraft zeigt, die an britische Vorbilder gemahnt. Denn:

> „Die Strahlen der Sonne vertreiben die Nacht".

Daß diesem Leistungswettbewerb der Humanismus von Pamina zum Opfer fiel, macht diesen Triumph hohl und bitter. Die Raschheit, mit der Mozart im dreißigsten Auftritt diese Oper zu Ende geführt hat, zeigt, wie betroffen er von seiner eigenen Vorhersage war, denn er liebte die abendländische differenzierte Welt mit der ihm eigenen Intensität, wie er die Frauen liebte.

Und der Wunsch:

> „Die Frömmeler tilgen von der Erd"

paßt viel eher zu Mozart als die bombastische Musik, mit der er den Schlußchor der Priester illustriert:

„Es siegte die Stärke
und krönet zum Lohn
Die Schönheit und Weisheit
mit ewiger Kron".

Mozart bezweifelt auf seine Weise, daß dieser Sieg der Stärke des Ostens auch der Sieg des Wahren, Schönen und Guten ist.

Der Pomp des Siegerchores beendet die Dramaturgie auf der Bühne. Die Skepsis von Mozart gegenüber einer Fortschrittsgilde, die dem Humanismus nicht verpflichtet ist, die Fassungslosigkeit vor technologiebesessenen Karrieristen und Frauenopfern, sie bleibt.

IV. Finale

Die Popularität Mozarts in Japan kennt keinen Vergleich. Der 200. Todestag hätte ein Anlaß sein können, das Triadische in der Zauberflöte zu enthüllen, doch Salzburg ist nicht das Zentrum der Aufklärung. Aufklärung kommt aus der Musik, aus der Skepsis gegenüber jenen Progressiven, welche die Differenziertheit, den Charme, die Weite und Fülle menschlichen Lebens übergeordneten Zielen zu opfern bereit sind. Mozarts Oper handelt von den Gefahren der Verzauberung durch den vermeintlichen Fortschritt, handelt von den Gefahren, die von Männerbünden (beispielhaft seien McKinsey, Rotary, E. Zehnder erwähnt) ausgehen, die Eroberungskonzepte vertreten, und sie handelt zugleich von menschlichen Freuden.

Erinnern wir uns an die Anfangsszene mit Tamino:

„Zu Hilfe, zu Hilfe,
sonst bin ich verloren".

Rettung muß er von anderen erflehen, und gerettet hat ihn nicht Sarastro, sondern drei Damen. Und die drei Damen sind für Mozart, woran kein Zweifel erlaubt ist, Symbole triadischer Emanzipation: in Amerika, Japan und – in Europa.

Übersteuerung

Oliver Fröhling

Vor einiger Zeit verabredeten ein deutsches und ein japanisches Unternehmen ein Wettrudern. Es wurde hart und verbissen für dieses Prestigeduell trainiert. Am Renntag siegte nach großem Kampf der japanische Achter mit einer Meile Vorsprung.

Das deutsche Team war daraufhin sehr niedergeschlagen und deprimiert; die Geschäftsleitung forderte schnell greifende Lösungen, um die Schmach zu tilgen.

Eine rasch beauftragte Beratungsfirma kam nach einer monatelangen, ressourcenintensiven Arbeit in einer Studie zu dem zentralen Ergebnis: Es wird zu ineffektiv gesteuert und zu ineffizient gerudert.

Während im Japan-Achter sieben Leute rudern und einer steuert, rudert im Deutschland-Achter einer, während dagegen sieben Mannschaftsmitglieder steuern. Was nun tun?

Die Teamstruktur wurde geändert. Es gab jetzt einen Ruderer, 4 Steuerleute, 3 Obersteuerleute und einen Steuerdirektor im deutschen Boot.

Für den Ruderer wurde darüber hinaus ein Leistungsanreizsystem eingeführt, zudem wurde sein Verantwortungsspielraum erweitert. Mit diesem Schachzug sollte eine erfolgreiche Revanche glücken!

Im Jahr darauf gewannen aber wieder die Japaner, diesmal sogar mit zwei Meilen Vorsprung.

Die Geschäftsleitung des deutschen Unnternehmens tobte. Sie entließ ob dieser Blamage den Ruderer wegen schlechter Leistungen, verkaufte das Ruderboot und stoppte alle Investitionen für die Entwicklung eines neuen Bootes. Der Beratungsfirma wurde ein freundliches Lob für die Arbeit ausgesprochen. Das für die Neuentwicklung eingesparte Geld wurde an die Geschäftleitung für ihr erfolgreiches Krisenmanagement ausgeschüttet.

Ablage

Ihren Brief habe ich gerade vor mir.
Bald werde ich ihn hinter mir haben.

Max Reger

Schnellere Studienzeiten – ein Jahrtausendproblem!

„Kennen wir nicht Leute genug, die viele Jahre in den Hörsälen sitzen, ohne daß es im geringsten abfärbt?" – Wie sollte ich sie nicht kennen; ich nenne sie die ganz Unentwegten und Ausdauernden – eigentlich nicht mehr Schüler des Dozenten, sondern Ureingesessene. Viele kommen bloß, um zu hören, nicht um zu lernen, wie wir zum Vergnügen ins Theater gehen, um unsere Ohren an der Sprache, am Gesang oder an der Handlung zu erfreuen. Unter diesen Hörern wirst du eine große Zahl finden, denen die Bildungsanstalt nur ein Absteigequartier ihres Müßiggangs bedeutet.

Lucius Annaeus Seneca

Um Himmelswillen,
bitte bloß keinen Aufwand!

Finessen der innerbetrieblichen Kommunikation

Günther Klein[1]

Falimos AG

Vorstandsvorsitzender   2. November

Notiz für Direktor Hoffmann, Länderbereich Europa

Am 27. dieses Monats wird mich Herr Careno, Leiter der Falimos Italien, auf der Durchreise kurz besuchen. Bitte geben Sie mir einige Tage vorher Bescheid, ob irgend etwas Besonderes anliegt.

gez. Dr. Borg

Leiter Länderbereich Europa   4. Nov.

Notiz für Prokurist Meyer-Kano, Verkauf Südeuropa

Am 27. findet bei Generaldirektor Dr. Borg eine Besprechung mit Herrn Careno, Falimos Italien, statt. Ich bin aufgefordert, über den aktuellen Geschäftsstand etc. zu berichten. Erbitte deshalb bis 17.11. eine kurze Zusammenfassung unseres Italien-Geschäfts in diesem und im letzten Jahr.

gez. Hoffmann

---

1 *Süddeutsche Zeitung, Nr. 264 vom 14./15. November 1992, Feuilleton-Beilage, S. VIII*

Meyer-Kano

Prokurist   5. November

Notiz für Referat Italien, Herrn Pinzel

In Kürze findet eine wichtige Vorstandssitzung über die Zukunft unseres Italien-Geschäfts statt. Erbitte bis 14. November die für solche Anlässe üblichen Unterlagen (detailliert, mindestens 5-Jahres-Zeitraum), aus denen der Vorstand die nötigen wirtschaftlichen und personellen Schlüsse ziehen kann. Besprechung der Unterlagen bei mir am 15.11.

gez. Meyer-Kano

Referat Italien 13. Nov.

Notiz für Herrn Prokurist Meyer-Kano

Betrifft: Grundsatzgespräch des Vorstandes am 27.11. über bisherige und zukünftige Geschäftsentwicklung der Falimos, Italien

Anbei folgende Unterlagen: Umsatzzahlen, nach Produkten aufgeteilt, und entsprechende Rendite-Berechnungen (10-Jahres-Zeitraum), 5-Jahres-Plan (Produkte/Personal/Kosten-/Nutzen-Rechnung), Preisentwicklung und Konkurrenzverhalten, Auszüge aus Reiseberichten (3 Jahre).

Anlagen: 12 Aufstellungen (29 Seiten)

gez. Pinzel

74

Verkauf Südeuropa   16. Nov.

Notiz für Herrn Direktor Hoffmann

Anbei meine Zusammenfassung der wesentlichen Punkte zur Situation Italien (12 Aufstellungen, 29 Seiten) für die Vorstandssitzung am 27.11.

gez. Meyer-Kano

Leiter Länderbereich Europa   22. Nov.

Notiz für Herrn Generaldirektor Dr. Borg

Wie ich auf Rückfrage bei den unmittelbar Verantwortlichen erfuhr, liegt im Italiengeschäft der Firma tatsächlich nichts Besonderes vor. Mein Sekretariat hat mir aus einigen aktuellen Unterlagen für alle Fälle eine paar Eckdaten herausgezogen, die ich Ihnen anbei weiterleite, falls Sie etwas zur Hand haben wollen. Für Teilnahme am Mittagessen stehe ich gegebenenfalls zur Verfügung.

gez. Hoffmann

Dr. Borg   28. November

Notiz für Direktor Hoffmann

Anbei Ihre kleine Zahlen-Aufstellung mit Dank zurück; ich habe sie beim Gespräch mit Herrn Careno nicht benötigt. C. war nur für 15 Minuten zu einem Höflichkeitsbesuch bei mir und bestätigte, daß nichts Besonderes vorläge. So war es durchaus gut und richtig, daß keine unnötigen Ausarbeitungen, detaillierte Listen oder Ähnliches angefertigt wurden.

gez. Dr. Borg

Ein Nürnberger Student seinem Lehrer zum 65.

***

Seit einem halben Jahrtausend gibt's eine Ecke im Himmel,
wo die Nürnberger ausruhen vom Erdengewimmel.
Sie liegt etwas abseits und ist hübsch versteckt,
daß man so leicht nicht die „himmlischen Mannen" entdeckt.
S' ist Nürnberger Art so: man drängt sich nicht vor,
hat aber gerne am „ird'schen Geschehen" sein Ohr!
Die berühmte Fünfzahl kann man dort sehen:
Ganz obenan tät Albrecht Dürer wohl stehen;
der zweite, mit Namen Adam und Krafft,
hat ja auch für himmlische Schönheit geschafft;
und ebenso ward auf Erden schon groß,
wenn auch mit viel Kummer, der Meister Veit Stoß.
Daneben erkennt man, gedrungen und klein,
den Bildner vom edlen Sebaldus-Schrein.
An Jahren der ält'ste, die rissigen Hände voll Wachs,
der Meister der Schuhe, zugleich Dichter, Hans Sachs.

Da sitzen's im Himmel im Sebaldus-Stüberl,
das Manna bringt ihnen ein Engelsbüberl,
und reden von ihrem lieben Nürnberg,
von seinem Ruhme, und auch vom „G-wärch"!
Und freuen sich, daß es gar Hochschul geworden
und ausgezeichnet vor anderen Orten.
Da reden's denn auch die Läng' und die Quer
von den großen Hochschullehrern daher.
Da hat einer sogar lateinisch geschrieben,
Hans Sachsen ist es nicht fremd geblieben,
und er deutet den andern den seltsamen Spruch,
den Hanns Linhardt gewählt hat für sein Buch:
Mit cogito: ich denke, so fängt es an,
und daraus schließt dann dieser gelehrte Mann

(ich bin zwar nur ein einfacher Mo,
doch von der „Lateinschul'" her ich Euch's deuten ko!)
und weil ich kann „denken" und hab' ein Gehirn –
er reibt sich bedeutsam die mächtige Stirn –
drum sind wir und leben, haben's Dasein gewonnen,
und freu'n uns am strahlenden Lichte der Sonnen!

„Der Linhardt", fragt einer, „ist das nicht auch der,
der soviel weiß von der Betriebswirtschaftslehr',
und von Banken, die man bei uns schon gekannt,
die unsre Kaufleut' gebracht vom Venediger Land?"

So reden's, sinnieren's und meinen: „Der Hanns,
ja, das ist auch so einer, wahrlich, der kann's,
zu dem geh'n die Studenten gern in die „Lehr",
ich tät's auch gern, wenn ich dort drunten noch wär'!"

Und prüfen soll er so klug und so nett,
da fragt er doch jüngst nach einem Blumenbukett,
das vor der Hochschul' in der Findelgaß' blüht,
man sieht, der Mann hat auch noch Gemüt!
Und Dürer lächelt gar sinnig darein,
„Schad', daß es nicht meine Veilchen da sein,
mit denen ich so unsterblich geworden –
denn Stiefmütterchen blüh'n vor der Findelgaß-Pforten!"

Hans Sachs meint: „Auf Erden ist jetzt arg viel Betrieb,
wär' ich drunten, s'wär' mir vielleicht gar nicht lieb!
Doch was der Linhardt unter „Betrieb" jetzt versteht,
ganz sicher in die himmlische Lehre eingeht!
Die Studenten dort drunten, heut' lassen's ihn leben,
drum will auch ich ein gut' Wort dazu geben:
„Hanns Linhardt samt Uni stets blühe und wachs!
Im himmlischen Nürnberg heut' wünscht's der Hans Sachs!"

Die unverbesserlichen Pessimisten glauben an das Ende der Welt.
Die unverbesserlichen Optimisten führen es herbei.

Wolfgang Mocker

XYZ

X,Y und Z sind die Unbekannten in der Gleichung, bei der A Erfolg
bedeutet.
Es gilt: $A = X + Y + Z$.
X steht für Arbeit, Y für Muße und Z für Mundhalten.

Albert Einstein

Führungspersönlichkeit

Der Mann, der genau weiß, was er nicht kann,
und der sich dafür die richtigen Leute sucht.

Philip Rosenthal

Direktor

Ein Mann, der Besucher empfängt,
damit die Angestellten ungestört arbeiten können.

N. N.

78

Wortwechsel

Ein Arbeitgeber ist ein Arbeitnehmer,
denn er nimmt die Arbeit an!
Ein Arbeitnehmer ist ein Arbeitgeber,
denn er gibt Arbeit ab!

Peter Eichhorn

Wer Großes schaffen will, muß darauf verzichten,
es selbst noch genießen zu können.

Friedrich der Große

Wir leben in einer merkwürdigen Zeit: Schulanfänger beschäftigen
sich mit Computern, Generaldirektoren mit dem Puzzlespiel.

Bill Prentice

Management-Prinzip Herodes

Den am besten geeigneten Nachfolger suchen und ihn dann feuern.

George Bowles

Als sie das Ziel aus den Augen verloren hatten,
verdoppelten sie ihre Anstrengungen.

Mark Twain

Goethe zur Frage der pretialen Betriebslenkung

Eugen Schmalenbach

Einzelne Versuche mit pretialer Betriebslenkung sind in der Vergangenheit sehr häufig gemacht worden. Selten jedoch sind die Fälle, in denen man die Frage zu einem Problem gemacht, d.h. die Bedingungen ihrer Wirkung und ihrer Mittel untersucht hat. Es entbehrt nicht des Reizes feststellen zu können, daß unter denen, die zu dem Grundsätzlichen der Frage sich geäußert haben, sich Goethe befindet.

In *Eckermanns* Gesprächen mit Goethe[1] finden sich folgende Äußerungen des alten Herrn:

„Nichts ist für das Wohl des Theaters gefährlicher, als wenn die Direktion so gestellt ist, daß eine größere oder geringere Einnahme der Kasse sie persönlich nicht weiter berührt und sie in der sorglosen Gewißheit hinleben kann, daß dasjenige,was im Laufe des Jahres an der Einnahme der Theaterkasse gefehlt hat, am Ende desselben aus irgendeiner anderen Quelle ersetzt wird. Es liegt einmal in der menschlichen Natur, daß sie leicht erschlafft, wenn persönliche Vorteile oder Nachteile sie nicht nötigen. Nun ist zwar nicht zu verlangen, daß ein Theater in einer Stadt wie Weimar sich selbst erhalten solle, und daß kein jährlicher Zuschuß aus der fürstlichen Kasse nötig sei. Allein es hat doch alles sein Ziel und seine Grenze, und einige tausend Taler jährlich mehr oder weniger sind doch keineswegs eine gleichgültige Sache, besonders da die geringen Einnahmen und das Schlechterwerden des Theaters natürliche Gefährten sind, und also nicht bloß das Geld verlorengeht, sondern die Ehre zugleich.

Wäre ich der Großherzog, so würde ich künftig, bei einer etwa eintretenden Veränderung der Direktion, als jährlichen Zuschuß ein für allemal eine feste Summe bestimmen; ich würde etwa den Durchschnitt

---

1 *Eckermann*, Gespräche mit Goethe, III. Ausgabe, Weimar 1913, S. 558 f.

der Zuschüsse der letzten zehn Jahre ermitteln lassen und danach eine Summe ermäßigen, die zu einer anständigen Erhaltung als hinreichend zu achten wäre. Mit dieser Summe müßte man aushalten. Dann würde ich aber einen Schritt weiter gehen und sagen: wenn der Direktor mit seinen Regisseuren durch eine kluge und energische Leitung es dahin bringt, daß die Kasse am Ende des Jahres einen Überschuß hat, so soll von diesem Überschuß dem Direktor, den Regisseuren und den vorzüglichen Mitgliedern der Bühne eine Renumeration zuteil werden. Da solltet Ihr einmal sehen, wie es sich regen und wie die Anstalt aus dem Halbschlafe, in welchem sie nach und nach geraten muß, erwachen würde.

Unsere Theatergesetze haben zwar allerlei Strafbestimmungen,aber sie haben kein einziges Gesetz, das auf Ermunterung und Belohnung ausgezeichneter Verdienste ginge. Dies ist ein großer Mangel. Denn wenn nur bei jedem Versehen ein Abzug von meiner Gage in Aussicht steht, so muß mir auch eine Ermunterung in Aussicht stehen, wenn ich mehr tue als man eigentlich von mir verlangen kann. Dadurch aber, daß alle mehr tun als zu erwarten und zu verlangen, kommt ein Theater in die Höhe."

Lucius Annäus S.:
Wir Kinder vom Lehrstuhl T.*

Oliver Fröhling

Lucius Annäus Seneca[1], nachfolgend kurz S. genannt, hat es geschafft: Ein zügig absolviertes Prädikatsexamen in BWL auf der Habenseite, (trotzdem) unsichere Zukunftsperspektiven auf der Sollseite, bilden neben einer gewissen Eitelkeit den Nährboden für seinen Entschluß, mit dem Ziel der Promotion noch einige Zeit in der Wissenschaft zu verbleiben. Der ambitionierte S. fiel dem sehr bekannten und noch mehr beschäftigten Professor Andreas Termin, kurz T. genannt, bereits in den Hauptseminaren auf. Nach dem Examen bietet er ihm sofort eine (halbe) Assistentenstelle an seinem Lehrstuhl an. Die Aussicht eines Vollzeitjobs – T. wird, das hat S. erfahren, von seiner Assi-Crew (mehr oder weniger) scherzhaft auch als „Termin-ator" bezeichnet – bei halbem Gehalt erträgt S. gelassen:

Es gibt mehr Rechner als Hasser: den Nackten läßt der Räuber laufen. Und weiter: Man kann ein Fest auch ohne Schwelgereien feiern.

S. hat klare Zielvorstellungen: In ca. 2 1/2 Jahren soll die Promotion inklusive aller Formalitäten beendet sein. In den ersten Wochen lernt er das Assi-Team näher kennen. Das Durchschnittsalter beträgt 31 Jah-

---

* Die Zitate von S. stammen aus dem Buch Seneca für Manager – Sentenzen, 11. Aufl., Artemis Verlag, Zürich und München 1990: „Die gewöhnliche Darstellung ist für den Studierenden notwendig, der knappe Auszug für Wissende: jene belehrt, dieser begnügt sich mit Hinweisen." Wertvolle Anregungen zog der Verfasser auch aus den Beiträgen von Peter Mertens, Vater sein dagegen sehr, in: Peter E. Anders (Hrsg.), Betriebwirtschaftlehr homoris causa, 2. Aufl., Gabler Verlag, Wiesbaden., S. 132 ff., Herr und Knecht, in Manager Magazin, 23. Jg., 1993, Nr. 6, S. 236–241.

1 Der falsche Name ist dem Verfasser unbekannt.

re. Manche Assistenten, Wie B. und D. arbeiten bereits seit 6 Jahren am Lehrstuhl ohne Promotionsabschluß – wohl Trödler! S. meint den Grund zu erkennen:

Und ... ist das keine Ruhe, die jede Bewegung als Zumutung empfindet, sondern Kraftlosigkeit und Mangel an Energie.

Die ersten Monate vergehen wie im Fluge. Der „Sprung ins kalte Wasser" besteht für S. in der Vorbereitung und Durchführung einer der acht Hauptstudiumsübungen. Das Studentenurteil nach der Hälfte der Übungsstaffel, das T. schriftlich zugeht, klingt wider Erwarten vernichtend. S. ist bestürzt und hat einen Alptraum:

Von allen Seiten strecken die Hörer dem Dozenten die Hände entgegen; sein Haupt verschwindet in der Menge, die ihn umdrängt. Das ist kein Beifall, sondern eine Totenklage.

Die Reaktion läßt nicht lange auf sich warten: T. bittet (!?) S. zu einem Gespräch – das erste seit der Einstellung. T. zeigt sich als ruhiger und moderater Gesprächspartner, der S. keine (direkten) Vorwürfe macht – er fragt nur nach vielleicht privat begründeten Motivationsproblemen. S. errötet und gelobt unverzügliche Besserung (eventuelle Wechselgedanken legt er erleichtert ad acta). Er resümiert nachdenklich:

Deine Einstellung mußt du ändern, nicht deinen Aufenthaltsort.

In den nächsten Monaten wenden sich für S. die Dinge zum Guten: Für die von ihm betreuten Seminare und Übungen erhält S. gute Noten, S. betreut parallel 21 Diplomarbeiten (Lehrstuhlrekord!) und arbeitet mittlerweile in drei verschiedenen, von T. akquirierten Forschungs- und Beratungsprojekten. Der Zeitbedarf ist dementsprechend groß: 60 Wochenstunden sind die Regel, 70 Wochenstunden kein Extremum und 80 Wochenstunden ... – na ja, warum nicht, wenn einen die Freundin gerade verlassen hat! Etwas nachdenklich stimmt S. seine derzeitige gesundheitliche Verfassung. Die Entwicklung des häuslichen Medikamentenbestandes (Magen, Kreislauf, etc.) ließe sich mit einer Exponentialfunktion beschreiben. Trotzig sinniert S.:

Ein Athlet, der nie braun und blau geschlagen worden ist, wird keinen großen Kampfgeist zum Wettbewerb mitbringen.

S. behält in der Folgezeit die Ruhe, seine seelische Ausgeglichenheit nimmt wieder zu. Er hofft, daß die aufreibende Phase bald überstanden ist, die Arbeit an der Diss. dann in den Mittelpunkt rückt. Kurze Zeit später wird S. durch zwei aktuelle Ereignisse am Lehrstuhl aufgerüttelt! Assistent B. hat vor Kollegen/innen eine herbe Abfuhr von T. erhalten. Anstatt sich intensiv um Betreuung der ihm zugewisenen vier Übungen zu kümmern, wurde er von Hiwis mehrmals in der Biliothek zwecks dissertationsbedingter Literaturrecherchen gesehen. S. konstatiert für sich selbst nüchtern:

Bisweilen herrscht zwar Ordnung in unserer Seele, doch ist sie träge und wenig geübt, den Weg der Pflicht zu finden. Dies zeigt uns die Ermahnung.

Assistent E. – ein netter Kerl! –, dessen Prahlereien, er habe bereits 150 Seiten von der Diss. stehen, T. aus Studentenkreisen zu Ohren gekommen sind, muß bei T. detaillierte Aufschreibungen über seine Tagesaktivitäten abliefern. E. ist verzweifelt und fürchtet bei T. nachhaltig in Ungnade gefallen zu sein: S. tröstet ihn mit folgender Überlegung:

Du verlangst, daß ich dir über jeden einzelnen meiner Tage, und zwar vollständig Bericht erstatte. Du hast wirklich eine gute Meinung von mir, wenn du glaubst, es gebe darin nichts, was ich verbergen möchte.

Die Monate vergehen, ein Jahr zieht ins Land. S. hat immer noch kein Thema (T.: „Im ersten Jahr nach dem Diplom sind Sie froh, wenn Sie keine Fachbücher mehr in die Hand nehmen müssen!"); an ein intensives Arbeiten an der Dissertationsschrift ist ob des großen Arbeitspensums noch nicht zu denken. Obwohl die Anfangseuphorie ein wenig verflogen ist, beurteilt S. die Situation ausgewogen:

Laß den Schwung deines Geistes nicht ermatten und er-
kalten. Aber zügle und diszipliniere ihn, daß zur geisti-
gen Haltung wird, was jetzt nur begeisterter Aufschwung
ist.

Aber selbst bei wohlmeinender (naiver?) Betrachtung mußte die von
S. selbstgesteckte Zeitspanne bis zur Promotion – 2 1/2 Jahre – nun re-
vidiert werden. Da „Hoffnung auf Besserung" stets auch „Furcht vor
Verschlechterung" beeinhaltet, tauchen bei S. unbewußt wieder Exi-
stenzängste auf. Diese erhalten in kurzer Zeit neue Nahrung, als Assistent C. nach dreijähriger Lehrstuhlpräsenz (ohne Promotion) aufgibt.
Während der folgenden Monate schaut er ab und zu am Lehrstuhl vor-
bei und verbreitet – psychisch sichtlich angeschlagen – Horrormeldun-
gen: Nach 87 erfolglosen Bewerbungen mit – so C. – zum Teil demüti-
genden Bewerbungsgesprächen, erhält er schließlich eine Anstellung
als Sachbearbeiter im Einkauf. Danach wird er von S. noch manchmal
in der Uni-Cafeteria (Urlaub?) gesehen. Der Eindruck der als geister-
haft zu bezeichnenden Erscheinung ist verheerend: Die Haut von C. ist
leichenblaß. Die Augen unter dem fettigen Haar sind stumpfe
schwarze Kleckse. Sein Gang ist schwankend und unsicher. S. hat den
Eindruck eines gebrochenen Menschen und erinnert sich an die in seiner Jugend bestaunten römischen Monumentalfilme:

Als … ein Verurteilter, der für die Vormittagskämpfe be-
stimmt war, herangefahren wurde, ließ er, als ob er ein-
nicke, seinen Kopf so weit hängen, bis er in die Speichen
des Wagens geriet, und hielt sich solange auf dem Sitz,
bis die Umdrehung des Rades ihm das Genick brach. Mit
Hilfe desselben Fahrzeuges, das ihn zur Hinrichtung
führen sollte, fand er den Weg in die Freiheit.

S. wurde bei diesem Vergleich kalt und warm zugleich. Seine Bestürzung ist nicht ein Einzelfall – auch die übrige Assistentenschaft tu-
schelt mehr oder minder unverhohlen über das Schicksal von C. T. erkennt schnell einen entsprechenden Erklärungsbedarf und setzt unver-
züglich eine Lehrstuhlbesprechung an. Das generelle Fazit der Sit-

zung, die unter dem Thema steht: „Persönliche Konsequenzen nach-
haltenden Unvermögens", formuliert S. für sich selbst wie folgt:

*Dieses ewige Hin und Her führt zu nichts. Du fragst,
warum dir deine Flucht nichts hilft? Du nimmst dich selber mit.*

T. gibt den versammelten (graduierten) Lehrstuhlmitarbeitern enga-
gierte Ratschläge mit auf den Weg. Der Tenor der Botschaft an die äl-
teren Assis – wie mittlerweile S. – lautet:

*Der Fehler liegt nicht in den Dingen, sondern in uns
selbst.*

Und die etwas schärfer formulierte „Durchhalteparole" an die New-
comer:

*Wer Befehle gern ausführt, entrinnt dem bittersten Teil
des Dienens.*

Kurz nach diesem (rein kleidungsmäßig) zwanglosen Lehrstuhl-
meeting lockert T. die Zügel bei S.: Die Wochenenden stehen nunmehr
für private Zwecke (=Promotion) zur Verfügung; selbst ein zwei-
wöchiger Erholungsurlaub (=Promotionsarbeitsurlaub) wird ihm von
T. gewährt. Möglicherweise liegt dies auch daran, daß dem Lehrstuhl
„frisches Blut" zugeführt worden ist: Assistent G. für Ex-Assi C. (in
der Übergangszeit wurden die „Wasserträgerverträge" (Hiwi-Verträge)
von durchschnittlich 3 auf 4 Stunden aufgestockt) und Assistentin I.
für Assi B., der seinen „Doktor" nach sechs Jahren mit der Note „sehr
gut" errungen hatte.

Nach zwei weiteren Jahren, die geprägt sind durch drei von T. initiier-
te Themenwechsel, durch T.-seitige Appelle an die Relativität des
Wertes einer Promotionsarbeit

*Warum sollte ich es nicht für möglich halten, daß einer
weise werde, der die Buchstaben nicht kennt? Liegt doch
die Weisheit nicht im Buchstaben.*

und auch mehr oder minder unverhohlen Warnungen (T.-Klartext: „Ihre erfolgreiche Promotion hängt allein vom lieben Gott und von mir ab!")

Was für ein Wahnsinn ist es doch, zu glauben, wir hätten bei Erscheinungen, deren Anfang nicht von uns bestimmt wird, das Ende in der Hand

hat S. es dennoch geschafft. Er hat promoviert!

Epilog

Nach der in 4 1/2 Jahren – eine erstaunlich kurze Zeit am Lehrstuhl T. – erfolgten erfolgreichen Promotion von S. bittet T. diesen zum drittenmal in seiner Lehrstuhlkarriere zu einem persönlichen Gespräch (1. Einstellung, 2. Lehrstuhlbesprechung wg. C.) T. lobt die forschungs- und praxisseitigen Arbeiten des S. in den höchsten Tönen und fragt ihn, ob er nicht Lust an einer Habiliation an seinem Lehrstuhl habe (der letzte Habilitand benötigte – laut Kenntnis von S. – ca. 7 Jahre). T. weist ausdrücklich darauf hin, S. könne seinen bereits heute nicht geringen Marktwert nochmals überproportional steigern. S. setzt daraufhin ein glückliches, aus innerer Überzeugung resultierendes Lächeln auf und antwortet:

Daraus ist unsere Dummheit besonders deutlich ersichtlich, daß wir glauben, nur das werde gekauft, was wir mit Geld bezahlen, daß wir aber unentgeltlich nennen, wofür wir uns selbst als Kaufpreis einsetzen müssen.

S. verneint dankend.

Einer, der gut arbeitet,
muß deshalb noch nicht viel erreichen,
und einer, der gut beginnt,
muß deshalb noch nicht gut enden.

chinesisches Sprichwort

Gute alte Zeit

Verfügung:
Die Herren Räthe und Hilfsarbeiter des Auswärtigen Amts ersuche ich
sich so einzurichten, daß sie mindestens von 12 Uhr Mittags an in
ihren Arbeitsräumen im Auswärtigen Amt anzutreffen sind.

Berlin, 12. März 1885

Betrifft: Weihnachtsgeld!

Laut Angaben der Geschäftsleitung wird das Weihnachtsgeld für dieses Jahr nicht in bar, sondern in Form von Büchern vergütet.

Diese Maßnahme ist mit dem Betriebsrat abgesprochen und soll zur allgemeinen Bildung beitragen!

Für die einzelnen Berufsgruppen sind folgende Bücher vorgesehen:
Ressortleiter	: „Verdammt in alle Ewigkeit"
Spartenleiter	: „Gauner im Frack"
Abteilungsleiter	: „Wem die Stunde schlägt"
Buchhaltung	: „Der Millionendieb"
Rechtsabteilung	: „Der Gewissenswurm"
Ein- und Verkauf	: „Gewissen in Aufruhr"

Sekretärinnen	: „Nackt unter Wölfen"
Konstrukteure	: „Und baut am Abgrund"
Telefonistinnen	: „Zwischen zwei Fronten"
Boten	: „Soweit die Füße tragen"
Werkschutz	: „Der Spion der aus der Kälte kam"
Betriebsräte	: „Denn sie wissen nicht, was sie tun"
Sonstige Werksangehörige	: „Betrogen bis zum jüngsten Tag"

Auch unsere Pensionäre sollen in diesem Jahr berücksichtigt werden. Sie erhalten das Buch: „Hunde wollt ihr ewig leben".

Die Geschäftsleitung wünscht allen Mitarbeitern ein belesenes Weihnachtsfest.

Gott gab dem Menschen die Zeit,
aber von Eile hat er nichts gesagt.

finnisches Sprichwort

Was ist ein 08/15-Beamter?

Einer, der 0 Ahnung hat,
8 Stunden herumsitzt
und nach Tarif A 15 bezahlt wird.

Was ist ein Top-Manager?

Einer, der am Ende ist.

Laudatio auf einen „frischgebackenen" Doktor frei nach Goethes Faust

Andreas Wittemann

Er hat nun, ach! Betriebswirtschaft,
Statistik und Recht,
Und leider auch Volkswirtschaft!
Durchaus studiert, und das nicht schlecht.
Da steht er nun, der arme Tor!
Und ist noch klüger als zuvor.

Er heißet Kaufmann, heißet Doktor gar,
Und ziehet schon im fünften Jahr,
Herauf, herab und quer und krumm,
Seine Studenten an der Nase herum –
Und sieht, daß sie nichts wissen!
Das hätt' ihm fast das Herz zerrissen.

Von Anfang an galt seine Kraft,
Zuallererst der Wissenschaft.
Doch er auch die Momente liebt,
In denen's was zu feiern gibt.

Und einmal nach durchzechter Nacht,
Im Seminarraum er erwacht
Und reagiert gar hoch empört,
Daß man ihn hat im Schlaf gestört.
Darauf sieht er den Referent'
Und freut sich, daß er hat verpennt,
Denn, was zum Glück nicht oft geschah,
Ein Stümper quält das Seminar.

Die Praxis harret deiner nun,
Denn schließlich gibt's dort viel zu tun.
Drum auf! Hinaus ins weite Land!

Und das geheimnisvolle Buch,
Von Wolfgang Kilgers eigner Hand,
Ist dir es nicht Geleit genug?
Erkennst damit der Kosten Lauf,
Bis auf den Kostenträger rauf.

Da dies Gedicht zu End' nun geht,
An seinem End' ein Wunsch noch steht,
Daß, ganz egal, was nun beginnt,
Glück und Erfolg dir Partner sind.

1992:
Fakten

*** [1]

- Ein arbeitgeberfreundliches Jahr: 251,9 Arbeitstage.
- Siebzig Prozent aller Betriebe kommen ihrer Verpflichtung, sechs Prozent Behinderte zu beschäftigen, nicht nach und kaufen sich lieber durch Abgaben frei.
- In Deutschland lebende Ausländer zahlen 25 Milliarden Mark mehr an den Staat, als sie von ihm erhalten.
- Jeder dritte Lehrling und jeder fünfte Schüler in Ostdeutschland findet, daß „die Deutschen schon immer die Größten waren".
- Sechzig Prozent der Beamtenkinder, aber nur zwölf Prozent der Arbeiterkinder studieren.
- Siebzigtausend Schwarzarbeiter in Hamburg.
- Eine Halbierung der Parlamente in Bonn, der Länder und Kommunen fordert der Soziologieprofessor Erwin K. Scheuch. „Das fiele niemandem auf."
- Dreihundert Millionen Mark bringt dem Finanzamt das Münchener Oktoberfest ein.
- Die ersten Streiks im öffentlichen Dienst seit 18 Jahren.
- In jeder Minute zahlen die öffentlichen Haushalte der Bundesrepublik 220 000 Mark Zinsen für ihre Schulden.
- Nicht einmal jeder zweite Student der Universität Münster weiß die Namen aller fünf neuen Bundesländer zu nennen.
- Westdeutsche Arbeitnehmer sind im Durchschnitt 16 Tage länger krank als die ostdeutschen.
- Versäumte Wohngeldansprüche in Deutschland von drei bis vier Milliarden Mark.
- In Hamburg leben 9,8 Prozent der Bevölkerung von der Sozialhilfe.

---

1 Magazin der Süddeutschen Zeitung, Nr. 53 vom 31. Dezember 1992.

Schwäbische Sparsamkeit

Marcell Schweitzer

Es ist wohlbekannt, daß Baden-Würtembergische Ministerien ihre Finanzbudgets außerordentlich sparsam gestalten und verwalten. Was sich dagegen weniger herumgesprochen hat, ist das Bestehen eines fruchtbaren Spannungsverhältnisses zwischen den Ministeriellen und den Professoren an den Landesuniversitäten. Vor Jahren ereignete sich nun etwas Ungewöhnliches, das die landeseigene Sparsamkeit und die erwähnten Spannungen auf eine typisch schwäbische Weise in einen Konflikt einmünden ließ, über den die folgende Anekdote berichtet.

Neben seinem Ordinariat in Tübingen nahm Wilhelm Rieger eine Honorarprofessur an der damaligen Technischen Hochschule in Stuttgart wahr. Um seiner wöchentlichen Lehrverpflichtung in Stuttgart nachzukommen, benutzte er den Eilzug von Tübingen nach Stuttgart. Die Reisekostenabrechung für diese Fahrten hatte über das Wissenschaftsministerium zu geschehen. Als Wilhelm Rieger am Ende seines ersten Semesters in Stuttgart seine Reisekosten abrechnete, stellte er Zugkosten 1. Klasse in Rechnung. Das Stuttgarter Ministerium weigerte sich jedoch, die Fahrtkosten 1. Klasse zu erstatten, da es die Auffassung vertrat, daß ein Ordinarius als Landesbeamter durchaus 2. Klasse reisen könne. Dagegen protestierte Wilhelm Rieger und argumentierte, daß er die Zugfahrt benutze, um sich auf seine Vorlesung in Stuttgart vorzubereiten. Das müsse ohne Störung und in Muße geschehen, damit er in Stuttgart angemessen lesen könne. Dies nahm das Ministerium wiederum zur Kenntnis und führte die nächste Reisekostenabrechnung so durch, daß für die Hinfahrt von Tübingen nach Stuttgart die 1. Klasse und für die Rückfahrt die 2. Klasse entschädigt wurde.

Wer vieles tut, macht viele Fehler,
wer weniger tut, macht weniger Fehler,
wer gar nichts tut, macht keine Fehler.
Wer keine Fehler macht, wird befördert.

Die Leute schätzen nicht das, was sie umsonst bekommen,
sondern das, was sie billig bekommen.

Donald Trump

Ein Professor zum Kollegen: Nach allem was ich von Ihnen gehört
und gelesen habe, sind Sie sehr geeignet, bei unserer nächsten Tagung
den Nonsens-Vortrag zu halten.

Große Tiere
Es gibt Leute,
die halten den Unternehmer
für einen räudigen Wolf,
den man totschlagen müsse,
andere meinen,
der Unternehmer sei eine Kuh,
die man ununterbrochen melken könne.
Nur wenige sehen in ihm ein Pferd,
das den Karren zieht.

Winston Churchill

95

Mein Vater lehrte mich zu arbeiten,
aber er hat mich nicht gelehrt, es gern zu tun.

Abraham Lincoln

Wenn die Zahlen nicht stimmen, will ich neue Gesichter sehen.

Friedrich Flick

Manager-Abschied

Drei Faktoren bestimmten mein Leben: Geld, Kraft und Zeit.
In meiner Jugend hatte ich Kraft und Zeit, aber kein Geld;
in den Berufsjahren Geld und Kraft, aber keine Zeit.
Als Pensionär verfüge ich jetzt über Geld und Zeit,
es fehlt mir aber an Kraft.

Erhaltungsaufwand
Haddock und andere v. Einkommensteuerbehörde

Alan Patrick Herbert

Im vorliegenden Fall hatte der High Court über den Einspruch gegen einen Bescheid der Einkommensteuerbehörde zu entscheiden.

Richter Rettich: Der vorliegende Einspruch wurde von Mr. Albert Haddock eingelegt, einem streitbaren Mann, dem wir oft und gerne vor den Schranken des Gerichts begegnen. Übrigens freut es mich besonders, daß der Antragsgegner gerade die Einkommensteuerbehörde ist, die so oft aus nichtigem Anlaß ihrerseits den Prozeßweg beschreitet.

Mr. Haddock nimmt für das laufende Geschäftsjahr sowie für einige vorhergehende Jahre die Befugnis in Anspruch, bei der Versteuerung seines Einkommens gewisse Beträge abzusetzen, und zwar (a) als Herstellungskosten und (b) als Erhaltungsaufwand. Er behauptet, daß er insoweit zu Unrecht zur Einkommensteuer herangezogen worden sei, und verlangt von der Steuerbehörde eine beträchtliche Rückzahlung.

Mr. Haddock tritt nicht nur im eigenen Namen auf, sondern für die Gesamtheit der Schriftsteller, Kunstmaler und Komponisten. In der Tat ist nicht zu verkennen, daß zahlreiche Geistesschaffende von der Entscheidung im vorliegenden Fall berührt werden.

Nun ist die Einkommensteuer grundsätzlich eine Steuer, die vom Gewinn aus gewerblicher und freiberuflicher Tätigkeit erhoben wird. Wenn zum Beispiel ein Seifenfabrikant Seife im Wert von zehntausend Pfund herstellt und dabei achttausend Pfund Unkosten hat, muß er zweitausend Pfund versteuern. Der Staat greift also nicht in seine Registrierkasse, sondern hält sich an sein Sparkonto. Außerdem wird zugunsten des Seifenfabrikanten berücksichtigt, daß seine Kessel und Maschinen allmählich abgenützt werden; er darf aus diesem Grunde von seinem Einkommen gewisse Beträge absetzen, neben den laufenden Kosten seines Gewerbes.

Der Schriftsteller, Maler oder Komponist ist in einer ganz anderen Lage. Mr. Haddock klagt in erster Linie darüber, daß er trotzdem wie ein Seifenfabrikant behandelt wird – außer dann, wenn es für ihn vorteilhaft wäre. In seinem Fall sagt er, wolle der Staat den Kuchen essen und behalten. Der Schriftsteller zahlt seine Steuern nicht vom Reingewinn, sondern der Sache nach von den gesamten Einnahmen. Gewiß werden auch ihm einige Abzüge für Geschäftskosten gewährt; sie sind aber gar nicht vergleichbar mit den Beträgen, die in der Gewinn- und Verlustrechnung des Seifenfabrikanten auf der Debetseite erscheinen.

Ein Schriftsteller, meint Mr. Haddock, kann nicht über nichts schreiben (wenn auch einige Autoren diesem Ziel sehr nahe gekommen sind). Das ganze Leben ist sein Rohmaterial und muß wie andere Rohstoffe bezahlt werden. Seine Freundschaften, Liebesaffären und Heiraten kosten Geld; desgleichen Reisen, Sport, Lektüre und Gesellichkeit. Es leuchtet ein, daß Mr. Haddock alle diesbezüglichen Ausgaben – ohne die er seinen Beruf nicht ausüben könnte – auf der Debetseite seiner Gewinn- und Verlustrechnung berücksichtigt sehen will. Die Steuerbehörde jedoch hat ihm nie mehr zugestanden als belanglose Abzüge für Selbstverständlichkeiten wie Papier, eine Schreibkraft, Büroklammern, Bleistifte und Radiergummis. Sie gönnt ihm keinen Pfennig für Gastfreundschaft, Unterhaltung und Studienreisen; und sie streicht aus der Aufstellung seiner Herstellungskosten unfehlbar Posten wie Champagner, Monte Carlo, Night Clubs, Premieren, Deauville oder die Miete einer Segeljacht in Acapulco. „Wie aber" – fragt Mr. Haddock – „soll jemand über Monte Carlo oder Acapulco schreiben, ohne dort gewesen zu sein? Wie soll er das Dolce Vita der Oberen Zehntausend kennenlernen und schildern, ohne regelmäßig daran teilzunehmen?" Gegen diese schlagenden Argumente hat die Steuerbehörde nichts Überzeugendes vorzubringen vermocht. Sie muß sogar zugeben, daß Geschäftsreisen nach Monte Carlo oder Acapulco bei einem Seifenfabrikanten als abzugsfähig anerkannt würden. Es ist nicht einzusehen, warum Mr. Haddock anders behandelt werden sollte.

Ferner: Erhaltungsaufwand. Die Schriftstellerei gedeiht nun einmal nur als Einmannbetrieb; der Autor ist Arbeitgeber, Designer, Techniker, Maschinist und Maschine in einem. Der Seifenfabrikant lebt angenehm, sobald sein Betrieb einmal läuft; er kann dann ruhig eine Woche Ferien machen oder für einen Monat krank werden, ohne daß deshalb die Seifenproduktion oder die Rendite sinkt. Wenn dagegen der Schriftsteller pausiert, kommt die Produktion zum Stillstand. Niemand kann ihn vertreten, auch nicht in der Ferienzeit, wegen Krankheit oder hohen Alters. Nicht zuletzt aus diesem Grund sollte sein Verdienst anders besteuert werden als der Profit des Seifenfabrikanten. „Indessen," – meint Mr. Haddock – „wenn der Staat schon beide gleich behandelt, soll er dabei auch konsequent verfahren. Als Anlagevermögen hat der Schriftsteller seinen Kopf und Körper, seine Erfindungsgabe, seine schöpferischen Fähigkeiten. Sie alle sind nicht unerschöpflich; sie kommen (aus den oben erwähnten Gründen) selten zur Ruhe und werden im Laufe der Jahre immer stärker belastet, wobei in manchen Fällen auch Nachtarbeit und Raubbau eine Rolle spielen mögen. Wenn also der Staat dem Seifenfabrikanten entgegenkommt, weil seine Gerätschaften abgenutzt werden und schließlich ersetzt werden müssen, kann der Schriftsteller erst recht einige Rücksicht auf seine empfindliche und unersetzliche Apparatur verlangen!"

Demgemäß hat Mr. Haddock bei der Steuererklärung wiederholt auf die Erhaltungskosten seines Betriebes hingewiesen; er erwähnt als derartige Ausgaben solche für Ärzte, für künstliche Höhensonne, für stärkende Speisen und Getränke sowie für notwendige Kuraufenthalte in Monte Carlo und Acapulco. Auch diese Ausgaben hat die Steuerbehörde zu Unrecht nicht als abzugsfähig anerkannt.

Der Einspruch ist somit in vollem Umfang begründet. Mr. Haddock meint sogar, daß er in Wirklichkeit nie einen steuerpflichtigen Gewinn erzielt habe; denn seit Beginn seiner literarischen Tätigkeit habe sich stets beim Jahresabschluß gegenüber dem Vorjahr eine Vermehrung seiner Schuldenlast ergeben. Jedenfalls ist er viel zu hoch besteuert worden. Die Steuerbehörde wird angewiesen, eine Neubewertung für die letzten sieben Jahre vorzunehmen und den gewiß sehr erheblichen Differenzbetrag zurückzuzahlen.

Dazu noch einige allgemeine Bemerkungen, die in Zukunft der Steuerbehörde als Richtschnur dienen mögen. Offenbar ist zur Zeit die Vorstellung verbreitet – vor allem im Parlament, wo jeder Irrtum auf fruchtbaren Boden fällt –, daß ein Schriftsteller weniger Förderung verdient als ein Seifenfabrikant, und zwar weil letzterer ein Arbeitgeber ist. Daß es sich hier um einen Trugschluß handelt, hat Mr. Haddock vor Gericht überzeugend dargetan (wenngleich seine Ausführungen über das neue Abschreibungsgesetz etwas weitläufig waren). Ich zitiere: „Wie soll einem angesichts solcher Vorstellungen nicht die Geduld reißen? Was für Blindgänger sind doch unsere Abgeordneten, Mylord! Die Autoren, Schriftsteller und Komponisten sind ja in gewissem Sinne die größten Arbeitgeber im ganzen Land, weil nur sie eigentlich neue Arbeitsmöglichkeiten schaffen. Ihre Bücher, Aufsätze und Kompositionen müssen ins Reine geschrieben, gedruckt und verbreitet werden; zu ihrer Wiedergabe dienen Bühne, Radio, Schallplatte und Film. Die Verleger, Drucker, Setzer, Buchbinder und Buchhändler; die Schauspieler, Musiker, Sänger und Bühnenarbeiter; sogar die Zeitungsherren und ihr ganzer Stab verdanken ihre Arbeit, ihre Einkünfte und ihren Profit dem Schöpfergeist und den handwerklichen Fertigkeiten des Autors, ohne den ihr Beruf sinnlos wäre und ihre Maschinen stillstünden. Er ist der Produzent, sie alle sind Zwischenhändler; er allein schafft neue Werte, während sie – in der bildkräftigen Sprache einer gewissen Partei ausgedrückt – als Blutsauger und Parasiten von den Früchten seines Fleißes leben. Trotzdem vernachlässigt das neue Abschreibungsgesetz – das doch der Arbeitsbeschaffung dienen will – über dem Drucker den Autor, der ihm Arbeit schafft; trotzdem betreffen seine Vergünstigungen nur die „technische Herstellung" einer Zeitung und nicht die Redaktion, ohne die es nichts herzustellen gäbe. Wie bezeichnend für unser Parlament, Mylord! Wie schwachköpfig! Wie ..." Aber das genügt vielleicht.

Ob nach alledem die Behausung eines Schriftstellers für Steuerzwecke als „Fabrikgebäude" zu gelten hat, muß dahingestellt bleiben. Jedenfalls hat Mr. Haddock die Bedeutung des Autors im Prinzip richtig erfaßt; und die Steuerbehörde sollte seine Worte beherzigen, wenn sie mit diesem hoch verdienstlichen Berufsstand zu tun hat. – Dem Einspruch wird stattgegeben.

Anmerkung: Obwohl von 1930, hat dieser Fall aus deutscher Sicht nichts an Aktualität verloren. In England dagegen ist das Steuersystem seitdem – wenn man so will – gerechter geworden: Es honoriert nämlich nachgerade die Herstellung von Seife so wenig wie von jeher diejenige geistiger Erzeugnisse.

Public Relations

Er sagte: Jedes zweite Unternehmen hat Entsorgungsprobleme.
Und dachte: Warum sollte unser Unternehmen ausgerechnet ein erstes sein?
Er sagte: Wir stellten gegenüber dem Vorjahr 100 Prozent mehr Behinderte ein.
Und dachte: Dieses Jahr haben wir zwei.
Er sagte: Der Krankenstand in unserer Firma tendiert gegen Null.
Und dachte: Die Leiharbeiter erreichen bald 100 Prozent.
Er sagte: Unsere Erträge verdoppelten sich.
Und dachte: Wenn wir wenigstens die Hälfte verkauft und nicht alles auf Halde genommen hätten.

Peter Eichhorn

Spezialisten sind wie Karussellpferde:
Sie kommen über einen bestimmten Umkreis nicht hinaus.

Claude Debussy

Vorgesetzte sind Menschen,
die sich um mehrere Stunden verspäten können,
ohne daß man sie vermißt.

Jerry Lewis

Der Anfang ist der wichtigste Teil der Arbeit.

Platon

Wir sind nicht nur verantwortlich für das, was wir tun,
sondern auch für das, was wir nicht tun.

Molière

Das Bier, die Katze
und der Bewerber bei der Vorstellung

Unwissenschaftliche Assessment-Center

Fernando Wassner

Das berühmte „Assessment-Center" ist ein Verfahren, das namentlich bei der Auswahl von fähigen Nachwuchskräften Anwendung findet: Da werden Kandidaten zusammengerufen, auf Schlips und Socken geprüft und aufeinander losgelassen. Anschließend gibt es Punkte für „Dynamik", „Durchsetzungsfähigkeit", „Gruppenloyalität" und anderes mehr, was immer diese Begriffe aussagen mögen.

Die Gründerväter sind dagegen ganz anders vorgegangen und haben keineswegs die schlechteren Ergebnisse erzielt. Dabei erkennen wir manches, was heute als letzter Schrei der Wissenschaft verkauft wird, wieder: Variationen über des Kaisers neue Kleider.

In den Frühzeiten hat der Gründervater denkbare Bewerber in seinen Tennisclub geladen. Dort saß er dann in seinem Liegestuhl auf dem Rasen, der Kandidat ein wenig steifer auf einem höheren Kaffeehaussitz – und wenn sich auf dieser schiefen Ebene gegenseitig Gefallen einstellte, war der Fall geregelt.

Wer solche Auswahlgespräche führt, kennt auch nicht die gängigen Leitfäden für Bewerber, die alle eine eiserne Regel aufstellen: „Bietet Dir der Personalchef Alkohol an, unbedingt ablehnen – Du wirst auf ausschweifende Neigungen getestet." Weil der Gründervater die Leitfäden nicht gelesen hatte, kam es über Jahre immer wieder zu folgender tragikomischen Situation: Bewerber wurden gebeten, Platz zu nehmen. Folgte die Frage auf die Lust nach einem Bier. Antwort des Bewerbers im fieberhaften Bedenken des Leitfadens: Nein danke. Der Gründervater hatte jedoch, was der Bewerber nicht wissen konnte, höchstpersönlich Lust auf ein Bier, das er aber höflichkeitshalber mit dem Bewerber teilen wollte. Die Ablehnung des Bewerbers stimmte ihn mithin ohne Hintergedanken traurig – und das sah man ihm an. Daher ein gewisser Rauhreif über dem Bewerbungsgespräch.

Häufiger als Tennis- oder Golfplatz wird heutzutage das Auto zum Ort des „unwissenschaftlichen Assessment-Centers". Das geht so: Der Kandidat trifft pünktlich ein, wird aber von der Sekretärin informiert, daß dem Chef leider etwas dazwischengekommen sei. Der müsse sich per Kraftwagen über einige -zig Kilometer zu einem Kunden bewegen. Allerdings, wenn der Kandidat sich ans Steuer setzen könne, sei sein Termin bis zum Kunden erledigt. Der Kandidat willigt freudig ein – und wird, in ein hochnotpeinliches Gespräch zur Person verwickelt, zum Chauffeur in dichtestem Innenstadtverkehr. Dann folgt eine freie und damit schnelle Autobahn. Orientierungsprobleme wollen gelöst werden. Zum Schluß weiß der Kandidat: Der Mann kann delegieren und wird auch nicht nervös, wenn es eng wird. Der Chef hat gelernt: Der Kandidat hat ein ausgeglichenes Naturell und weiß obendrein Prioritäten zu setzen. Sie lauten: Erst das Leben, dann der Job.

Auch Tiere können in einem unwissenschaftlichen Bewerbergespräch eine bedeutende Rolle spielen. Zum Beispiel in der Anekdote vom Personalchef, der Grippe hatte, und dem Bewerber, der zum Termin über einige tausend Kilometer einfliegen mußte. Den Personalchef verlangte es nur nach Wärme, Ruhe und Sauerstoff, und deswegen wollte er sein privates Heim nicht verlassen. Er wollte aber auch aus Rücksicht auf den Bewerber den Vorstellungstermin nicht platzen lassen. Also bat er seine Sekretärin telefonisch, den Bewerber in die Privatwohnung umzudirigieren („Grippe versteht jeder").

Womit der Personalchef nicht gerechnet hatte, war seine acht Monate alte Katze, die den Wunsch hatte, am Vorstellungsgespräch teilzunehmen. Als sie aus dem Arbeitszimmer ausgesperrt wurde, heulte sie so herzzerreißend und laut, daß das Vorstellungsgespräch nicht mehr hörbar war. Als sie daraufhin zum Gespräch zugelassen wurde, nahm sie erst auf dem Schreibtisch Platz und biß dann den Bewerber ins Knie. Der nahm die seltsamen Umstände so gekonnt hin, daß seine Einstellung beschlossene Sache war, als er die Tür hinter sich schloß.

Politik ist nicht das Erreichen von Zielen,
sondern das Verfolgen von Zielen.

Adolf Muschg

Wer schreibt, bleibt.

aus dem Wechselrecht übertragene Regel
der Professorenzunft

Was wir nicht verstehen, besitzen wir nicht.

Goethe

Wenn Sie etwas erklärt haben möchten, fragen Sie einen Mann;
wenn Sie etwas erledigt haben wollen, fragen Sie eine Frau!

Margaret Thatcher

Niemals schlechter angezogen sein als der Chef
– aber auch nicht besser.

Heinz Commer

Jede Minute Deines Lebens wende auf tätiges Vergnügen oder nützliche Verrichtungen.

Lord Chesterfield 1752

Die heutige Form des Gutseins ist das Guthaben.

Helmut Arntzen

Verstand ist das beste Kapital.

deutsches Sprichwort

Wenn eine Frau von Selbstverwirklichung spricht,
will sie arbeiten gehen.
Wenn ein Mann von Selbstverwirklichung
spricht, will er die Arbeit einstellen und
sich auf die Bärenhaut legen.

Manfred Rommel

Ein Millionär befürchtet immer, daß sein Vermögen kleiner wird. Ich befürchte, daß mein Unvermögen größer wird.

Hans-Joachim Kulenkampff

Jeder Chef hat einen Chef.

Englisches Sprichwort

Ehret die Alten, eh' sie erkalten.

Manfred Rommel

Managers Nachtgebet am 31.12.

„Und dann erbitte ich noch, daß meine Angestellten im neuen Jahr endlich Angst vor mir haben."

Wer nicht bereit ist, das Ufer lange Zeit aus den Augen zu verlieren, wird niemals neue Länder entdecken.

André Gide

Die Arbeit läuft dir nicht davon, wenn du deinem Kind den Regenbogen zeigst. Aber der Regenbogen wartet nicht, bis du mit der Arbeit fertig bist.

chinesische Weisheit

Der Managerfilz steht dem politischen Filz in nichts nach.

Wolfram Engels

Wer was kann, der hat Konkurrenz nicht nötig.

Thomas Quasthoff

Jeder ist nur soviel wert wie das Ziel seines Strebens.

Marc Aurel

Wer immer bebend sich verkriecht, den wird der Chef erlösen.

Jedem Abschied folgt ein Neubeginn!

Der Chef im französischen Restaurant ist Patron, im amerikanischen der Kunde.

Johannes Gross

Lesen macht vielseitig, verhandeln geistesgegenwärtig und Schreiben genau.

Francis Bacon

Willst Du für ein Jahr vorausplanen, so baue Reis. Willst Du für ein Jahrzehnt vorausplanen, so pflanze Bäume. Willst Du für ein Jahrhundert planen, so bilde Menschen.

Tschuang-Tse

„Wenn der Deutsche hinfällt, steht er nicht auf, sondern sieht sich um, wer ihm schadenersatzpflichtig ist."

Kurt Tucholsky

Hypothesen sind Netze, nur der wird fangen, der auswirft.

Novalis

Die meisten Menschen sind Münzen, nur wenige sind Prägestöcke.

Wilhelm Raabe

„Die, welche einmal die Staatsgeschäfte verwalten, sehen immer mehr und mehr von der Sache weg und nur auf die Form hin. ... Daher nimmt in den meisten Staaten von Jahrzehnt zu Jahrzehnt das Personal der Staatsdiener und der Umfang der Registraturen zu und die Freiheit der Untertanen ab."

Wilhelm von Humboldt,
aus „Grenzen der Wirksamkeit des Staates"

Das Ziel muß man früher kennen als den Weg.

Jean Paul

113

Neue Grußvorschläge für die geschäftliche Korrespondenz

Wider Erwarten ergebenst
Unter Vorbehalt aufrichtigst
Zutiefst hochachtend
Mit vorbildlicher Selbstbeherrschung
Hochachtungsrandvoll Ihr
Nicht ohne Mühe höflichst Ihr
Götz vergelts

Das schönste Seminar dieses Semesters findet zweifellos unter der Regie von *Prof. Dr. Wolfgang Domschke* statt. Es nennt sich „Produktionsplanung – Ablauforganisatorische Aspekte" und beinhaltet die kapitelweise sorgfältige Nachbearbeitung eines Manuskriptes, das die Herren Domschke, Scholl und Voß demnächst als Buch veröffentlichen werden. Nur ein Gerücht ist jedoch, daß, falls das Seminar sich als Erfolg herausstellt, im Telekommunikationsrecht demnächst ein Telefonbuch korrekturgelesen wird.

erschienen im „Emil",
Zeitung der Darmstädter Wirtschaftsingenieure
Ausgabe 2, 1992

Gehälter

„Wieviel zahlen Sie Ihren Sekretären?"

„Hundert Dukaten."

„Das ist nicht viel. Meine bekommen zweihundert. Allerdings – ich bleibe sie schuldig!"

nach Louis Späht

Es ist besser, sich von Erfahrungen als von Zielen leiten zu lassen.

Martin Walser

Wer einen anderen nachahmt, erkennt dessen Überlegenheit an.

Ralph Boller

Der bequeme Weg ist selten der richtige.

schwedisches Sprichwort

Ruhe und Einsamkeit sind die großen Güter unserer Zeit.

Pablo Picasso

Wer sich Zeit läßt, gewinnt Zeit.

finnisches Sprichwort

Wer die Welt verbessern will, kann gleich bei sich selbst anfangen.

Pearl S. Buck

Materieller Wohlstand ist für die menschliche Gesellschaft genauso gefährlich wie materielle Not.

Edward Bond

Ein großer Teil des Fortschreitens besteht darin, daß wir fortschreiten wollen.

Seneca

Wer auf seine eigene Kraft vertraut, ist mächtiger als das Schicksal.

Seneca

Nicht weil es schwer ist, wagen wir's nicht, sondern weil wir's nicht wagen, ist es schwer.

Seneca

Sachen und Rechte

Wer zwei linke Hände hat,
der sollte die Rechte studieren.

Werner Mitsch

Produktphilosophie

Es muß nützlich sein,
verläßlich funktionieren,
schön aussehen,
lange halten
und das beste Stück seiner Art sein.

Alfred Dunhill
über sein Feuerzeug

Beherrsche die Sachen,
dann folgen die Worte.

Cato, der Ältere

Wenn Sie Gesetze und Würste mögen, dann sollten Sie niemals bei der Herstellung von beiden zuschauen.

angeblich von Otto von Bismarck

Ein Geschäftsbericht ist wie ein Bikini
Was er zeigt, ist verwirrend,
was er verbirgt, lebensnotwendig.

aufgelesen von Gert Boegner

Wir brauchen ein europäisches Gesetz, eine einheitliche Münze, die gleichen Gewichte und Maße, dieselben Gesetze.

Napoleon

Die beste Unternehmenspolitik in der Automobilbranche wäre der Angriff auf das eigene Produkt.

Frederic Vester

122

Steuern und Abgaben

Günter Schmölders

Thomas von Aquin nannte die Steuern erlaubte Fälle des Raubes; ein solcher Raub ist dann erlaubt, wenn es sich um eine „gerechte" Forderung eines dazu berechtigten Fürsten handelt, der einen "guten und gerechten Grund" für die Besteuerung hat und, wie wir heute hinzufügen würden, das Geld zum Wohle aller ausgibt und nicht für sich selbst verwendet. In diesem Fall kann ein „Raub ohne Sünde" geschehen, sagt der heilige Thomas, aber es bleibt natürlich ein Raub.

Bemerkenswert ist die Begründung für das königliche Besteuerungsrecht zur Zeit Heinrichs II. von England: „Zwar mag es sein, daß den Königen diese Mittel meist nicht aufgrund eines gründlich überprüften Rechtes zufließen, sondern manchmal nach den Gesetzen der Vorgänger, manchmal nach den verborgenen Eingebungen ihres Herzens oder bisweilen auch allein aufgrund ihres freien Ermessens. Dennoch steht es den Untertanen nicht zu, ihr Tun zu erörtern oder gar zu verurteilen, denn wessen Herzensregungen in der Hand Gottes sind, dem Gott selbst die Sorgen für die Untergebenen anvertraut hat, dessen Sache steht und fällt allein nach göttlichem und nicht nach menschlichem Urteil."

Zu den Lehnsrechten gehörte auch das berühmte „ius primae noctis", das Recht des Lehnsherrn auf eine Abgabe anläßlich der Vermählung eines seiner Untertanen. Das Wort „ius" für Steuer hat spätere und historisch ungeschulte Beobachter dazu verleitet, in dieser lehnsrechtlichen Abgabe ein Recht des Grundherrn auf die erste sexuelle Hingabe der jungen Frau zu sehen, was natürlich weder ein besonderes Vergnügen noch der historische Sinn dieser Abgabe ist. Aber die Phantasie der späteren Generationen ist durch dieses Wort vom Recht auf die erste Nacht ungemein beflügelt worden, wie allein schon die Mozart-Oper „Figaros Hochzeit" beweist.

Steuerprivileg

FKK-Vereine sind nur dann gemeinnützig und damit steuerbegünstigt, „wenn sie ausschließlich Sport betreiben." Treiben Freikörperkultur-Clubs indessen noch andere Freizeit-Dinge, fallen sie nicht mehr unter den Begriff der Gemeinnützigkeit.

Antwort des Bundesfinanzministers
auf eine parlamentarische Anfrage,
entnommen einem Kalender der Deutschen
Pfandbriefanstalt am 23. Juli 1980

Nichts muß Weisheit und Vernunft genauer regeln als den Teil, den man Untertanen nimmt, und den, welchen man ihnen beläßt.

Montesquieu

Jemandem große Verbindlichkeiten schuldig zu sein, hat nichts Unangenehmes, denn die Dankbarkeit ist eine süße Pflicht. Nur kleine Verpflichtungen sind quälend.

Franz Grillparzer

Erfindungsgeist

Peter Eichhorn

Es ist bekannt, daß die Tür- und Fenstersteuer der Franzosen, die bis ins 19. Jahrhundert hinein erhoben wurde, zu einer eigentümlichen Bauweise vieler französischer Häuser führte. Da der Steuerprüfer nur die Zahl der Fenster und Türen zur Straße zählte, suchte man der Steuererhebung zu entgehen, indem man zur Straße hin kaum Öffnungen vorsah und die Fenster zur Gartenseite hin baute.

Die Erfindung der Mansarde – und das ist weniger bekannt – soll ihren Ursprung ebenfalls der Besteuerung verdanken. Die Steuer galt nur für Fenster an der Fassade. Der findige französische Baumeister Jules Hardouin-Mansart baute deshalb Dachgeschosse für Wohnzwecke so aus, daß das Dach gebrochen wurde und die unteren steileren Dachflächen die Dachfenster, und eben keine Fassadenfenster, aufnahmen.

Mit dem Bauen hingen im übrigen zwei andere merkwürdige Steuern zusammen: die sog. „Luftgebühr", eine permanente Strafsteuer seit dem 8. Jahrhundert in Byzanz, wenn der vorgeschriebene Bauraum überschritten wurde, und die „Luftsäulensteuer" im mittelalterlichen Florenz für Häuser mit vorgebauten Erkern oder überhängenden Geschossen.

Wenn ein Edler gegen dich fehlt,
so tu, als hättest du's nicht gezählt;
er wird es in sein Schuldbuch schreiben
und dir nicht lang' im Debet bleiben.

Johann Wolfgang von Goethe

Eine Eisenbahn ist ein Unternehmen, gerichtet auf wiederholte Fortbewegung von Personen oder Sachen über nicht ganz unbedeutende Raumstrecken auf metallener Grundlage, welche durch ihre Konsistenz, Konstruktion und Glätte den Transport großer Gewichtsmassen, beziehungsweise die Erzielung einer verhältnismäßig bedeutenden Schnelligkeit der Transportbewegung zu ermöglichen bestimmt ist, und durch diese Eigenart in Verbindung mit den außerdem zur Erzeugung der Transportbewegung benutzten Naturkräften – Dampf, Elektrizität, tierischer oder menschlicher Muskeltätigkeit, bei geneigter Ebene auch schon durch die eigene Schwere der Transportgefäße und deren Ladung usf. – bei dem Betriebe des Unternehmens auf derselben eine verhältnismäßige gewaltige, je nach den Umständen nur bezweckterweise nützliche oder auch Menschenleben vernichtende und menschliche Gesundheit verletzende Wirkung zu erzeugen fähig ist.

Definition des Reichsgerichts
aus dem Jahre 1876
(wer kennt die Fundstelle?)

Wer auf sein Recht pocht,
kann sich wunde Finger dabei holen.

Rupert Schützbach

Anleitung zur Erhebung unmerklicher Steuern

Man muß die Gans so rupfen,
daß man möglichst viele Federn
mit möglichst wenig Gezische bekommt.

Jean-Baptiste Colbert

126

Der Schminkspiegel im betrieblichen Kraftfahrzeug – ein sträflich vernachlässigtes Bilanzierungsproblem?*

W. G.

Zu den Einrichtungen von Kraftfahrzeugen gehört ganz überwiegend ein Schminkspiegel. Dabei handelt es sich um eine Spiegelfläche, die in die Sonnenblende vor dem Beifahrersitz in der Weise integriert ist, daß der Benutzer des Beifahrersitzes nach Herunterklappen der Sonnenblende diesen Spiegel verwenden kann. Dabei macht die Bezeichnung als Schminkspiegel deutlich, daß er sich nicht für die Verwendung als Rückspiegel eignet.

In der Literatur zum Bilanzsteuerrecht und auch in der Rechtsprechung zu diesem Fachgebiet ist, dies muß man bedauernd feststellen, dieser Schminkspiegel nicht seinem bilanzrechtlichen Gewicht entsprechend behandelt worden. Ja, es ist sogar festzustellen, daß man ihn schlicht mißachtet hat, indem man ihn totschwieg.

Der Bundesfinanzhof hat in einer Vielzahl von Entscheidungen den sogenannten gesonderten Nutzungs- und Funktionszusammenhang entwickelt und dargestellt. Dabei handelt es sich um ein steuerrechtliches Beurteilungskriterium, mit dessen Hilfe Teile von Wirtschaftsgütern daraufhin untersucht werden, ob sie in einem besonderen, d.h. von der Nutzung und der Funktion des übergeordneten Wirtschaftsguts abweichenden, Nutzungs- und Funktionszusammenhang stehen.

Allein die Bezeichnung als Schminkspiegel weist darauf hin, daß diese Einrichtung nicht im Nutzungs- und Funktionszusammenhang des Kraftfahrzeugs steht.

---

* Finanz-Rundschau, Nr. 20 vom 23. Oktober 1991, S. 615 f.

Die besondere und weittragende Bedeutung dieser Feststellung liegt nun darin, daß das Schminken eine Tätigkeit ist, die die Beifahrerin nicht im betrieblichen, sondern im privaten Bereich durchführt:

Hieraus muß zwingend gefolgert werden, daß der Schminkspiegel ein Wirtschaftsgut des notwendigen Privatvermögens ist. Auf diese Schlußfolgerung ist in Literatur und Rechtsprechung bisher nicht hingewiesen worden.

Soweit die Vernachlässigung des Schminkspiegels in der Rechtsprechung hiermit beanstandet wird, mag das aus folgenden Gründen unberechtigt sein:

Es ist bei den bisherigen Ausführungen stillschweigend unterstellt worden, daß die Ehefrau des Benutzers des Kraftfahrzeugs den Spiegel als Schminkspiegel benutzt.

Geht man von der nicht unrealistischen Annahme aus, daß auch die Sekretärin des Benutzers des Kraftfahrzeuges diesen Spiegel als Schminkspiegel benutzt, wird die Beurteilung problematisch: Es fragt sich nämlich, ob sich diese Nutzung im privaten oder betrieblichen Bereich vollzieht?

Dieses außerordentlich gewichtige Problem könnte der Bundesfinanzhof auf folgende Weise lösen:

Die Lebenserfahrung lehrt, daß die Ehefrau des Benutzers des Kraftfahrzeuges diesem auf die Schliche kommt. Ganz zwangsläufig wird sein, wenn man eine Erkenntnis des Bundesfinanzhofs in einem anderen Fall auf diesen überträgt, daß sie sich scheiden läßt. Dann kann sie den Spiegel als Schminkspiegel nicht mehr benutzen. Hinsichtlich der Nutzung dieses Spiegels durch die Sekretärin kann man – hilfreich – fingieren, daß die Nutzung betrieblich ist.

Der Umstand, daß die Sekretärin, so lehrt es die Lebenserfahrung, nun die Ehefrau des Benutzers des Kraftfahrzeuges wird, schafft trotz der zum Allgemeingut gewordenen Erkenntnis: „Der Kater läßt das Mausen nicht" kein neues Bilanzierungsproblem. Dies erhellt daraus, daß das sich jetzt ergebende Bilanzierungsproblem gerade eben gelöst wurde.

Naturrecht

Carl Djerassi

Es gebe einen Witz, sagte ich zu ihr, wie wichtig ein guter Mentor sei: den von dem Fuchs, der ein Kaninchen beim Tippen seiner Doktorarbeit stört. Ich sah sie erwartungsvoll an.

„Den habe ich noch nicht gehört", sagte Jocelyn.

Ich hatte zwar den Verdacht, daß sie ihn bereits kannte und nur eine pflichtbewußte Studentin sein wollte, aber ich erzählte ihn trotzdem. Die Geschichte ist nicht schlecht, selbst wenn ich sie erzähle.

‚Das Kaninchen schreibt seine Doktorarbeit zusammen', begann ich, ‚als ein Fuchs vorbeikommt.'

‚Bitte friß mich nicht ausgerechnet jetzt', sagt das Kaninchen. ‚Laß mich erst das hier fertigmachen.'

‚Was ist das?' erkundigt sich der Fuchs.

‚Meine Doktorarbeit', sagt das Kaninchen ganz stolz.

‚Ach! Wie heißt der Titel?' fragt der Fuchs.

‚Wie Kaninchen Füchse fangen.'

‚Aber das hast du völlig falsch verstanden! Es ist genau umgekehrt: Füchse fangen Kaninchen.'

‚Komm mit, ich zeig dir was', erwidert das Kaninchen und führt den Fuchs in eine nahegelegene Höhle. Nach einer Weile kommt das Kaninchen alleine zurück und beginnt wieder zu tippen. Bald darauf wird es von einem Wolf gestört, woraufhin sich die Szene mit dem Fuchs wiederholt.

Als das Kaninchen abermals an seine Schreibmaschine zurückkehrt, nähert sich ein Specht, der alles beobachtet hat.

‚Was ist hier eigentlich los? Was hast du dem Fuchs und dem Wolf gezeigt?'

‚Du brauchst nur in die Höhle zu schauen.'

Als der Specht vorsichtig in den Eingang späht, sieht er einen Löwen, der die Überreste des Fuchses und des Wolfes verspeist.

‚Weißt du', sagt das Kaninchen, ‚der Titel der Doktorarbeit ist nicht wichtig. Es ist sogar einerlei, wer sie schreibt. Das einzige, worauf es ankommt, ist der Doktorvater.'"

Ich wartete auf das Gelächter, das dieser Witz gewöhnlich auslöst – insbesondere wenn er Doktoranden erzählt wird –, doch Jocelyn lächelte nur und brachte es mit ihrer natürlichen Anmut, die einem angeboren sein muß, fertig, daß ich mir etwas lächerlich vorkam. „Ich würde eine andere Pointe nehmen: Am Ende gibt das Kaninchen seiner Doktorarbeit einen neuen Titel: ‚Wie Kaninchen Löwen ausnutzen.'"

„Ach", sagte ich. Warum glaubt heutzutage jedermann, meine Schlüsse umschreiben zu müssen?

Sie zuckte die Achseln. „Das wäre wohl die Doktorandenversion."

Ehrenwörtliches Geständnis

„Ich gestehe, daß ich die beiliegende Diplomarbeit nur mit Hilfe Dritter und mit Benutzung anderer als der angegebenen Quellen und Hilfsmittel angefertigt und die den benutzten Quellen wörtlich oder inhaltlich entnommenen Stellen größtenteils nicht als solche kenntlich gemacht habe. Diese Arbeit lag in ähnlicher Form bereits im Jahre 1939 der Handelshochschule Königsberg/Ostpreußen vor, ging jedoch in den Kriegswirren der folgenden Jahre auf ungeklärte Weise verloren."

Andreas Wittemann
frei nach § 20 der Prüfungsordnung
der Universität Mannheim
für den Diplomstudiengang Betriebswirtschaftslehre
vom 2. April 1990

Zigarre auf Amtsdeutsch

§ 2 Begriffsbestimmungen

(1) Zigarren oder Zigarillos sind als solche zum Rauchen geeignete, mit einem Deckblatt oder mit einem Deckblatt und einem Umblatt umhüllte Tabakstränge

1. ganz aus natürlichem Tabak oder
2. mit einem Deckblatt aus natürlichem Tabak oder
3. mit einem zigarrenfarbenen Deckblatt und einem Umblatt, beide aus homogenisiertem oder rekonstruiertem Tabak, wenn mindestens 60 vom Hundert des Gewichts der Tabakteile länger und breiter als 1,75 mm sind und das Deckblatt schraubenförmig mit einem spitzen Winkel zur Längsachse des Tabakstrangs von mindestens 30° aufgelegt ist, oder
4. mit einem zigarrenfarbenen Deckblatt aus homogenisiertem oder rekonstituiertem Tabak, wenn das Stückgewicht 2,3 g oder mehr beträgt, mindestens 60 vom Hundert des Gewichts

der Tabakteile länger und breiter als 1,75 mm sind und mindestens ein Drittel der Länge des umhüllten Tabakstrangs einen Umfang von 34 mm oder mehr hat.

Stückgewicht ist das Durchschnittsgewicht von 1000 Stück ohne Filter und Mundstück im Zeitpunkt der Steuerentstehung.

(2) Zigaretten sind Tabakstränge, die sich unmittelbar zum Rauchen eignen und nicht Zigarren oder Zigarillos nach Abs. 1 sind. Zigaretten sind auch solche Tabakstränge, die durch einen einfachen nicht industriellen Vorgang in eine Zigarettenpapierhülse geschoben oder mit einem Zigarettenpapierblättchen umhüllt werden.

Tabaksteuergesetz (TabStG)
vom 21. Dezember 1992 (BGBl. I S. 2150)

Der Aufsichtsrat rät,
was er eigentlich beaufsichtigen soll.

Kurt Tucholsky

Hauptbericht

Wolfgang G. Kuhn

I. Prüfungsauftrag

Wir prüften, dies der Auftrag war,
den Abschluß hier für dieses Jahr.
Wir machten's weder gut noch schlecht,
ganz einfach nur nach Handelsrecht.

Diesem gemäß prüften wir ganz
die Buchführung und die Bilanz
und schauten auch ping'lig genau
auf Anhang und die G und V.

Die Einzelheiten uns'res Strebens
sucht man in dem Bericht vergebens.
Denn alles Wissenswerte packten
wir fleißig in die Arbeitsakten.

Drum, willst Du klug und wissend sein,
dann schau in diese Akte rein.

II. Jahresabschluß von heute vor einem Jahr

Die Konten füllten sich mit Leben
als man die Salden vorgegeben.
Und ohne Lüge kann man sagen:
„Sie wurden richtig vorgetragen."

Die Herrn Gesellschafter schnell kamen,
als man sie rief bei ihrem Namen,
mit Auto, Eisenbahn und Bus.
Sie faßten dann manchen Beschluß.

Der Abschlußprüfer wurd' gewählt,
der Jahresabschluß festgestellt,
Entlastung wurde auch erteilt,
es wurde mächtig sich beeilt.

Und was da sonst noch war gewesen,
das kann man unter „Spesen" lesen.

III. Rechtliche Verhältnisse und Grundlagen der Gesellschaft

Das Kapital, Grund- oder Stamm-,
rechnet man alles mal zusamm',
dann ist's, wir sagen's klipp und klar,
das gleiche wie im vor'gen Jahr.

Gehalten wird das Kapital
vom selben Kreis, ein weit'res Mal.
Gewinne geh'n die alten Wege,
so schreiben vor es die Verträge.

Im neuen Beirat sitzen heute
die selben alten Beiratsleute,
und auch die Führung der Geschäfte
liegt in der Hand bewährter Kräfte.

Und kennst Du all die Namen nicht,
dann schaue in den Vorbericht.

IV. Versicherungsschutz

Wenn mal das Schicksal über Nacht
ein Unglück über's Haus gebracht,
dann ist es oft sehr schnell passiert,
daß man sein ganzes Geld verliert.

Damit dies kann verhindert werden
gab Gott uns einen Schutz auf Erden,
den man „Versicherungen" nennt
und den ein jedes Kind schon kennt.

Auch die Gesellschaft hat Policen
und kann so einen Schutz genießen
vor Hagel, Schwachstrom, Pest und Feuer,
doch leider keinen Schutz vor Steuer.

Ob dies genügt, wir prüfen's nicht,
denn das war gar nicht uns're Pflicht.

V. Wirtschaftliche Lage

Die wirtschaftliche Lage war,
man kann's so sagen: wunderbar!
Wie man auch rechnet, her und hin,
es bleibt doch immer ein Gewinn.

So kann man denn mit Umsatzzahlen
und auch mit ander'n Dingen prahlen.
Cash Flow, Rendite und so weiter,
die Stimmung hier ist froh und heiter.

Dazu paßt folgender Aspekt,
der uns Erinnerungen weckt,
denn in der Kneipe nebenan
man ganz vorzüglich essen kann!

Die Wirtschaftslage demnach war
in allen Punkten wunderbar.

VI. Prüfungsergebnis

„Erklärung der Vollständigkeit",
da weiß ein jeder gleich Bescheid,
daß alles was zu buchen war
auch drinnen ist, mit Haut und Haar.

Die Buchführung, die G und V,
Bilanz und Anhang sind genau
erstellt nach Satzung und Gesetz.
Und dies ist wahr und kein Geschwätz.

So weit, so gut. Wie wir gesehen
sind keine Dinge hier geschehen,
die falsch oder gar strafbar wären
und deshalb wir hier nun erklären:

„Alles in Butter, wunderbar,
toll, prima, klasse – töftes Jahr!"

Wissen und Erfahrung

Von „Ie" zu „Jetzt im Team"

Ein kleiner Japanischkurs

Oliver Fröhling

„Ie" (berlinerisch: „icke" oder hochdeutsch: „ich zuerst") ist ein japanischer Begriff und heißt übersetzt etwa: Wohnhaus bzw. Schutzdach, Heim oder Familie. Indes, korrekte sprachliche Übersetzung und korrekte intentionsgemäße Interpretation sind zwei verschiedene Schuhe. Die „heimelige" Familie erzeugt Argwohn nicht nur beim Japan-Insider und gibt eindeutige Interpretationsvorgaben: Natürlich ist nicht das beengte Zusammensein von familiär verbundenen Personengruppierungen auf wenigen Quadratmetern im Großraum Tokyo gemeint, sondern vielmehr die Festung Japan, die sich abschottende Unternehmensfamilie – „uchi no kaisha".

Was verbinden wir aber mit „kaisha"? Keine liebenswürdige und hochkultivierte „geisha" der Klasse 1, sondern eine unterwürfige Teamorientierung der Belegschaft bei minimalen Pausen sowie unbezahlten Überstunden und eine Unternehmenskultur, bei der sich Manager für eine nicht akzeptable Arbeitsleistung bei der Belegschaft entschuldigen.

Spielen wir ein wenig mit „kaisha", so gelangen wir über „kaishen" direkt zu „kaizen" (sehr frei: „geizen"). Gegeizt wird dabei sinngemäß mit für normale Industrieunternehmen selbstverständlichen Produktivitätsunterbrechungen. „Kaizen" steht aber nicht nur für einen kontinuierlich ablaufenden Arbeitsprozeß, sondern sogar für eine zusätzliche, schrittweise Verbesserung der Leistungsfähigkeit eines Unternehmens durch eine Politik der „kleinen Schritte".

Kleine Schritte sind in einem Land mit einer so begrenzten Wohn- und Nutzfläche wie Japan eine Notwendigkeit, will man nicht festen Boden unter den Füßen verlieren und in den Japangraben stürzen (Laufrichtung West nach Ost).

Konzentrieren wir uns nicht auf diese geographisch angereicherte makroökonomische Sicht, sondern auf die mikroökonomisch orientierte Betriebswirtschaft, so sind „kleine Schritte" ein Steckenpferd der betrieblichen Logistik, wie z. B. in Form der Optimierung des Weiterreichens von Arbeitshandschuhen, O-Ringen und Unterlegscheiben an die nächste Bearbeitungsstation.

Die japanischen Querdenker drehen dieses Schema nun um: Man melde in Form kleiner „Kärtchen" retrograd seinen Bedarf an Materialien und Teilen an die vorgelagerte Bearbeitungsstation! Der Spaß heißt „KANBAN", also etwa: „Kann'ste mal (mir was holen)?"

Bezieht man ergänzend die Zulieferer in diese muntere Hol-und-Bring-Spiel mit ein, sprechen die Japaner von „Just-in-Time" (JIT) bzw. „Just in der Zeit". Was verbirgt sich dahinter? Über ein strenges Lieferzeitendiktat (erst Auftrag, dann Materialien) wird auf die Zulieferanten – man muß es so klar sagen – „Terror" ausgeübt mit der Folge, daß sich in JIT-Kernzeiten eine ganze Nation im Transportrausch befindet. JIT heißt also korrekt: Japan im Transportrausch!

Seit den 80er Jahren erleben wir zunächst zaghafte und dann immer aufdringlichere Versuche, diesen Rausch zum Exportgut zu kultivieren. Weniger der Inhalt, sondern die Verkaufsslogans variieren wie in der Konsumgüterindustrie: Wurde JIT anfangs als Logistikkonzept (Coca Cola: Erfrischungsgetränk) angepriesen, so sprechen wir heute von einem „paradigmatischen Lean Management-Baustein" (Coca Cola (light): Ein Softdrink für Leute, die intensiver leben als andere!).

Die Amerikaner müssen dabei (wie immer) übertreiben und haben sogar eine nicht ganz unbekannte wirtschaftswissenschaftliche Fachzeitschrift nach dem Konzept benannt: JITE. Ein solcher Rausch muß zwangsläufig zum Kater führen!

Daß JIT die hiesigen Unternehmenslenker noch nicht in das Stadium „seligen Entrücktseins" versetzt hat, liegt wohl daran, daß wir eine andere Kultur, ein anderes Selbstverständnis und auch andere geographische Grundlagen besitzen als Japan – was uns umgekehrt auch immer weisgemacht wird! Während wir auf der Unternehmensebene (Mikroebene) häufig kostenpolitische Nullsummenspiele tapfer bis zum Ende durchhalten (Fehlmengenkosten und entgangene Deckungsbeiträge bei schlichtweg renitenten „Nicht-Just in der Zeit-Zulieferern" sind ja rein kalkulatorische Darbietungen der Erlköniggespielinnen) und die unterm Strich resultierende Überkompensation der Einsparungen durch die Folgekosten als „strategischen misfit" bezeichnen, der in einem mehrjährigen (= strategischen) „Optimierungskorridor" noch zu „fit-ten" ist, können wir auf der Makroebene dem JIT-Rausch überwiegend Lob spenden.

Zwar mag es für den die deutschen Lande mit großen Schritten – wir sind ja fest eingebettet in den atlantischen Sockel – durchstreifenden Kleinbürger ein Horrorszenario sein, daß Kleinstteile in atemberaubender Frequenz gerade zur rechten Zeit auf den Autobahnen der Nation täglich zwischen Flensburg und Passau hin und her „ge-jit-tet" werden, aber die an infrastrukturellen Problemlösungen interessierte politische Repräsentanz atmet auf. Leider erstickt(e) der Atem schnell, da die geplante Einführung der Autobahn-Vignette dann doch nicht zustande gekommen ist. JIT also auch als makropolitisches Null-Summenspiel? Gemach, gemach, die Antwort lautet: JIT muß auf die Stahlstraßen, also: JIT likes Deutsche Bundesbahn! Unverständlich deswegen die Skepsis bezüglich der Sanierungsfähigkeit der Bahn, kürzlich noch geäußert im Anschluß an den Vortrag eines bekannten deutschen Betriebswirtes auf dem Treffen der Gutenberg-Arbeitsgemeinschaft: Das „Sorgenkind Bahn" wird zum „Jitter vom Dienst". Da dann prinzipiell alle Interessenkoalitionen an den Vor- und leider auch Nachteilen des „JIT-Principles" partizipieren, können wir schließlich eine vielleicht noch zutreffendere Übersetzung präsentieren, die da lautet: Jetzt im Team!

141

Hat das Denken Schlagseite,
greift es zum Schlagwort.

aufgelesen von Gert Boegner

Die beiden Hälften

In der einen Hälfte unseres Lebens opfern wir die Gesundheit, um
Geld zu erwerben.
In der anderen Hälfte opfern wir das Geld, um die Gesundheit wieder-
zuerlangen.
Und während dieser Zeit gehen Gesundheit und Leben von dannen!

Voltaire

Objektive Rezensionen

Ein Buch zu besprechen, ist paradox. Liest man es, verliert man seine
Unbefangenheit; liest man es nicht, ist man zwar nicht befangen, kann
es aber auch nicht rezensieren.
Tatsache I: Wissenschaft verlangt Objektivität, ergo: Verzicht auf Re-
zensionen.
Tatsache II: Rezensionen verlangen Objektivität, ergo: Verzicht auf's
Bücherlesen.
Konsequenz: Manche Rezensenten vollbringen das Kunststück,
Bücher zu besprechen, ohne sie zu lesen.

Peter Eichhorn

Nur wer seine Rechnungen nicht bezahlt, darf hoffen,
im Gedächtnis der Kaufleute weiter zu leben.

Oscar Wilde

Der Erfolg hat viele Väter,
der Mißerfolg nicht einmal eine Mutter.

Dieter Engelhardt

Handelsprinzip

Der Himmel hilft niemals denen,
die nicht handeln wollen.

Sophokles

Was hilft es dir, damit zu prahlen,
daß du ein freies Menschenkind?
Mußt du nicht pünktlich Steuern zahlen,
obwohl sie dir zuwider sind?

Wilhelm Busch

Wo Ökonomie ist, ist keine Moral.

Novalis

Die älteste Form von Investitionslenkung ist der Flirt.

Oliver Hassencamp

Lauf der Zeit

Der Vater erstellt's,
der Sohn erhält's,
dem Enkel zerfällt's.

Wissenschaft steht im Dienste eines Ideals
oder im Dienste einer herrschenden Gruppe.

Ludwig Marcuse

Prüfung

Sprechen Sie laut!
Die Sache wird dadurch nicht besser, daß Sie leise sprechen!
Im Gegenteil!

gefunden bei Franz Marcus

Die Verurteilungswürdigkeit des betrügerischen Konkurses aus betriebswirtschaftlich-koalitionstheoretischer Sicht

Hanno Kirsch

I. Methodologische Grundlagen

Die Frage der Verurteilungswürdigkeit des betrügerischen Konkurses wird aus moralischer und juristisch-strafrechtlicher Sicht eindeutig bejaht. Die klassische Betriebswirtschaftslehre, mit ihrer regelmäßig auf das Wohl der Kapitaleigner ausgerichteten Perspektive, schließt sich der juristischen Auffassung an.

Eine Analyse dieses Problems aus dem betriebswirtschaftlich-koalitionstheoretischen Blickwinkel, nach welchem an der Unternehmung nicht nur die Gesellschafter, sondern auch die Arbeitnehmer, das Management, die Kunden, die Lieferanten, der Staat sowie die Öffentlichkeit beteiligt sind, steht bislang noch aus. Ziel der vorliegenden Untersuchung ist es somit, eine Wertung dieses Sachverhalts in einem umfassenden holistischen Rahmen durchzuführen. Wegen der Komplexität dieser Aufgabenstellung erfolgt eine Beschränkung auf die induktive Methode, nach der abstrahierend von einem Fallbeispiel eine betriebswirtschaftliche Wirkungsanalyse stattfindet. Die Zusammenfassung enthält das Ergebnis dieses Beitrags und bildet damit den Ausgangspunkt für weitere wissenschaftliche Studien.

II. Fallbeispiel

Herr Kaiser war Geschäftsführer der „Glück-Unter Steinkohlebergbau GmbH", ein Konzernunternehmen der „Toten Steinkohle AG". Die

„Glück-Unter Steinkohlebergbau GmbH" erhielt umfangreiche Subventionen vom Staat und erwirtschaftete dennoch hohe Verluste, da die Förderung der Steinkohle nur unter schwierigen Bedingungen gelang. Im Verlauf des vergangenen Jahrzehnts kam es zu einer kontinuierlichen Verschlechterung der Ertragslage, in deren Folge bereits mehrere hundert Arbeitsplätze abgebaut wurden.

Nachdem Herr Kaiser die Ausweglosigkeit der Entwicklung am Steinkohlemarkt erkannt hatte, ließ er Rechnungen für nicht bezogene Dienstleistungen fingieren, so daß er innerhalb weniger Monate Konkurs anmelden mußte. Die wenigen Fremdkapitalgeber des Glück-Unter Betriebs konnten nach der Liquidation des noch umfangreichen Sachanlagevermögens aus der Konkursmasse vollständig befriedigt werden.

Mittels der aus den gefälschten Rechnungen erzielten Geldbeträge erwarb Herr Kaiser über die von ihm gegründete „Alternative Wachstumslandwirtschaft GmbH" sukzessive Acker- und Weideland. Diese Gesellschaft besaß zum Zeitpunkt der Schließung des Bergbauunternehmens beachtliche Ländereien, die Herr Kaiser nunmehr zum ökologischen Anbau landwirtschaftlicher Produkte und zur alternativen Viehhaltung nutzt. Die erzeugten Güter verkauft der Ökobauernhof direkt an die Endverbraucher.

Aufgrund des großen Wachstums seines neuen Unternehmens kann Herr Kaiser sämtliche ehemaligen Mitarbeiter der „Glück-Unter Steinkohlebergwerke GmbH", die in anderen Betrieben keinen Arbeitsplatz gefunden hatten, zu gleichen Löhnen beschäftigen. Die Zunahme des Angebots an alternativen landwirtschaftlichen Gütern führt wegen der aufkommenden Konkurrenz zu einem Preisrückgang für die Konsumenten und zu einer Bereicherung der Produktpalette in diesem Marktsegment. Dennoch realisiert die „Alternative Wachstumswirtschaft GmbH" bedingt durch ihre Größe und Wettbewerbsstärke hohe Gewinne.

III. Betriebwirtschaftlich-koalitionstheoretische Analyse

In der koalitionstheoretischen Betrachtungsweise erhebt sich nun zum Zwecke der Wertung des Konkurses für den Wissenschaftler die Frage, welche Wirkungen aus der Transferierung von Kapital von der „Glück-Unter Steinkohlebergbau GmbH" zur „Alternativen Wachstumslandwirtschaft GmbH" für die an den Unternehmungen interessierten Personengruppen resultieren.

1. Kapitalanleger

Da die Gesellschaft der „Glück-Unter Steinkohlebergbau GmbH" ihre Beteiligung an diesem Unternehmen wegen der anhaltenden Verluste bereits voll abgeschrieben hatten, entsteht für die „Tote Steinkohle AG" kein zusätzlicher Schaden. Dagegen wäre eine langdauernde, schleppende Abwicklung dieser Tochtergesellschaft vermutlich mit weiteren Zuschüssen seitens der Muttergesellschaft verbunden gewesen. Weiterhin sind die Gläubiger der „Glück-Unter Steinkohlebergbau GmbH" durch den Konkurs nicht geschädigt worden.

Das veruntreute Kapital, das sich jetzt in den Händen von Herrn Kaiser befindet, erbringt nun bei der „Alternativen Wachstumslandwirtschaft GmbH" eine gute Verzinsung, so daß aus gcsamtwirtschaftlicher Sicht Kapital in eine nutzbringende Verwendung gelangt.

2. Arbeitnehmer

Die Mitarbeiter der „Glück-Unter Steinkohlebergbau GmbH" erfahren durch den Konkurs Ihres Unternehmens keinen Nachteil, weil sie entweder einen Job auf dem Ökobauernhof zur gleichen Entlohnung wie bei ihrem früheren Arbeitgeber oder außerhalb dieses Betriebes bekommen haben. Ihre Situation hat sich hinsichtlich der Arbeitsbedingungen verbessert, da sie nicht mehr unter Tage arbeiten. Wegen der guten Wachstumschancen der alternativen Landwirtschaft ist in den folgenden Jahren infolge der personalintensiven Güterproduktion sogar mit einem weiteren positiven Impuls für den regionalen Arbeitsmarkt zu rechnen.

3. Management

Die Stellung von Herrn Kaiser verbessert sich erheblich durch den Kapitaltransfer. Aus dem frustierten Geschäftsführer eines Krisenunternehmens ist der Gesellschafter und Unternehmer eines dynamischen umweltschonenden Betriebes in einer wachsenden Branche geworden.

4. Kunden

Den Kunden der Glück-Unter-Gesellschaft erwächst kein Schaden, denn das Angebot an Steinkohle übersteigt auch nach dem Ausscheiden dieser Gesellschaft weit die entsprechende Nachfrage. Statt dessen ziehen die Käufer ökologisch erzeugter landwirtschaftlicher Güter gleich zwei Vorteile, zum einen sehen sie sich einem qualitativ größeren Angebot gegenüber, zum anderen sinken bedingt durch die zusätzlichen Mengen und die Konkurrenz die Preise.

5. Lieferanten

Die Bergbaugesellschaft hatte als Urproduktionsbetrieb kaum Lieferanten, so daß sich hieraus keine größeren Veränderungen ergeben. Dafür dürfen sich Gerätehersteller, Saatguterzeuger und Züchter eines zusätzlichen Absatzpotentials erfreuen.

6. Staat

Durch die Schließung der „Glück-Unter Steinkohlebergbau GmbH" spart der Staat erhebliche Subventionen in diesem Wirtschaftszweig ein. Die Überführung von Kapital zur „Alternativen Wachstumslandwirtschaft GmbH" bewirkt hohe Gewinne, woraus entsprechende Unternehmenssteuereinnahmen resultieren. Aufgrund der hohen Arbeitsintensität des Ökobauernhofes gelangt der Fiskus zudem in den Genuß höherer Einkommensteuern.

7. Öffentlichkeit

Durch die Einstellung der Kohleförderung in der genannten Firma sinkt der Anteil der verheizten Steinkohle bei der Stromerzeugung, so daß isoliert betrachtet der Kohlendioxid- und der Schwefeldioxidausstoß vermindert werden. Eine erwogene Rekultivierung könnte der Stadt sogar zusätzliche Erholungsflächen bescheren. Die „Alternative Wachstumslandschaft GmbH" setzt weiterhin das Gedankengut des verantwortlichen Umgangs mit der Umwelt aktiv um.

IV. Zusammenfassung

Die Analyse der Auswirkungen der an den Unternehmen interessierten Personen und Gruppen zeigt, daß sämtliche Beteiligte durch die Stillegung der „Glück-Unter Steinkohlebergbau GmbH" über den Umweg des geschilderten betrügerischen Konkurses entweder ihre Situation verbessert haben oder einen indifferierten Standpunkt einnehmen. Folglich geben die betriebswirtschaftlich-koalitionstheoretische Betrachtung sowie das volkswirtschaftliche Pareto-Kriterium keinen Anhaltspunkt für eine Verurteilungswürdigkeit dieser Handlung; im Gegenteil, ein Geschäftsführer, der nicht so vorsorglich und umsichtig gehandelt hätte, müßte als Unterlasser statt als Unternehmer gelten.

Qualität der Lehre

Ich hatte einen schlechten Professor.
Das war mir eine gute Lehre!

N.N.

Geheimnis eines erfolgreichen Unternehmers

Ein erfolgreicher, als wortkarg bekannter Unternehmer wird von einem Journalisten gefragt, worauf er seine Erfolge zurückführe.
Antwort: „Richtige Entscheidungen".
Der Journalist fragt weiter: „Entschuldigen Sie, das ist mir ein bißchen zu wenig, wie kommen Sie denn zu Ihren richtigen Entscheidungen?"
Der Unternehmer: „Erfahrung".
Der Journalist, allmählich verzweifelt: „Aber wie kommen Sie denn zu Ihrer Erfahrung?"
Der Unternehmer: „Falsche Entscheidungen".

Hans Georg Plaut,
erzählt von Herbert Jacob

Gutachter sind auch nur Menschen mit der Freiheit auf Irrtum,
die aber andere von der Übernahme der Verantwortung des Irrtums be-
freien.

Gert Boegner

Ein Gutachter bleibt immer ein Gutachter.
Den Begriff Schlechtachter kennt unsere Sprache nicht.

Gert Boegner

Konkurrenz ist die ungewollte Tochter der Freiheit
und die ungeliebte Mutter des Wohlstands.

Helmar Nahr

Wer den Krug bis zur Neige leert,
kriegt den Deckel auf die Nase.

holländisches Sprichwort

Wenn man bereits am Anfang einer Sitzung
alle Argumente kennt,
wird man schnell zum Zyniker.

Wolfgang Roth

Willst du den Charakter eines Menschen erkennen,
so gib ihm Macht.

Abraham Lincoln

Teamgeist:

Jeder macht was er will,
keiner was er soll,
aber alle machen mit.

Wer einen Fehler gemacht hat
und ihn nicht korrigiert, begeht einen zweiten.

Konfuzius

Grundzüge der Produktionstheorie

Didaktische Hilfsmittel verhelfen zur Einsicht

Florian Schramm

1. Das Problem

Zum Repertoire des Grundstudiums gehört neben diversen produktionsfunktionen die Erkenntnis, daß die Produktion ein mehrdimensionaler Prozeß ist. Didaktisch wird dem nur scheinbar Rechnung getragen: Zunächst wird der Verlauf des Ertragsgesetzes geschildert. Bewährtes Hilfsmittel ist eine Graphik, auf der die Produktion eines Gutes bei Einsatz eines variablen Faktors zweidimensional abgebildet wird. Welch bedrückende Enge. Dann werden die Studierenden aus dem engen Korsett der doppelten Eindimensionalität befreit, das Ertragsgebirge gibt allen Luft und Aussicht. Mit der Darstellung eines dreidimensionalen Gebildes auf dem Overhead scheinen die Möglichkeiten der Visualisierung jedoch ausgeschöpft zu sein.

Aber ach, belügen wir uns nicht selbst? Weichen wir nicht den Blicken unserer Student(inn)en mit dem Gefühl aus, es zwar gut, aber nicht ehrlich zu meinen? So, wie wir nicht ganz fröhlich sind, wenn wir als Weihnachtsmann verkleidet uns voller Vertrauen blickenden Kinderaugen gegenübersehen? Eventuell bevor die Student(inn)en die schöne Geschichte von Miller und Modligiani hören, werden sie uns nicht mehr vertrauen, falls sie bemerken, daß sie – das Ertragsgebirge gedreht und gewendet – der Zweidimensionalität der Einsatzgüter verhaftet bleiben.

2. Die Ertragskörper als Lösung

Jeder Dominostein, jede Marzipankartoffel, jedes Gummibärchen, aber auch nicht Eßbares kann uns so viel über Produktion erzählen, wenn wir nur zuhören. Diese Ertragskörper ermöglichen ohne zusätzlichen Aufwand an Material oder räumlichem Vorstellungsvermögen, den Produktionsprozeß von drei (!) Inputgütern und einem Output zu visualisieren. Die Oberfläche des Körpers beschreibt die erforderlichen Inputgüter zur Erstellung einer Output-Einheit. (Für den Fall von Änderungen des Faktoreinsatzverhälnis bei wachsender Stückzahl eignen sich Ertragskörper nicht.) Der Koordinatenursprung kann dabei im Zentrum des Ertragskörpers liegen, ggfs. kann mit Hilfe von Stecknadeln der dreidimensionale Raum verdeutlicht werden. Die schlichte Marzipankartoffel (vgl. Abbildung 1) versinnbildlicht einen Extremfall einer substitutionalen Beziehung der Einsatzgüter.

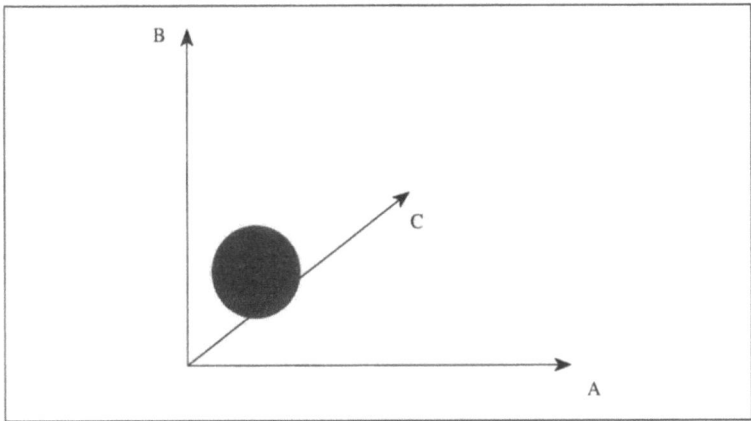

Abb. 1: Die linear substitutionale Marzipankartoffel

Eine Outputeinheit kann durch eine beliebige Kombination der Produktionsfaktoren A, B und C erzeugt werden. Wenn sie so richtig kugelig ist, ist der Austausch der Inputgüter nicht nur vollständig, sondern auch in einem konstanten Verhältnis möglich: Die Summe der eingesetzten Produktionsfaktoren muß stets gleich sein (A+B+C=1, wobei A, B und C jeweils Werte zwischen 0 und 1 annehmen.) Dabei stellt die linearsubstitutionale Marzipankartoffel einen Grenzfall der Klasse der Marzipankartoffel-Funktionstypen dar: Denn wenn eine Kartoffel langsam zerdrückt wird (Achten Sie auf die Nadeln!), spielt sich zwischen Daumen und Zeigefinger eine Vielzahl von dreidimensionalen Produktionsbeziehungen – genau genommen alle konvex-substitutionalen – ab. Dominosteine beschreiben einen anderen Produktionstyp (vgl. Abbildung 2):

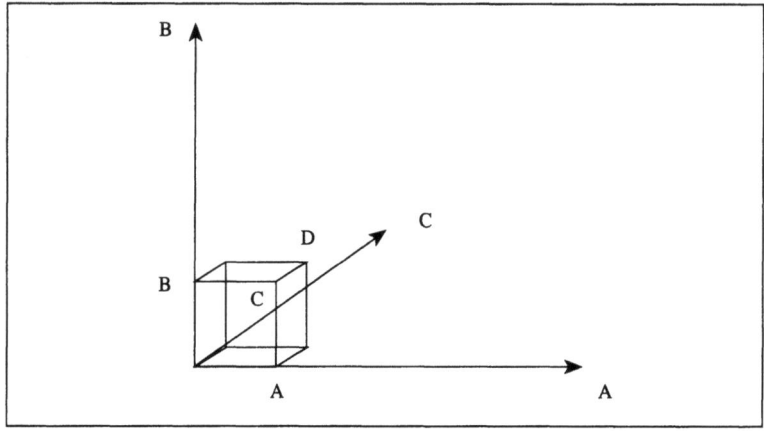

Abb. 2: Der total limitationale Dominostein

Eine Outputeinheit wird durch beliebige Menge von Inputeinheiten unter der Nebenbedingung erzeugt, daß von mindestens einer Inputeinheit eine notwendige und gleichzeitig auch hinreichende Menge eingesetzt wird (A=1 v B=1 v C=1). Der Zusammenhang von Input und Output ist also total limitational und daher produktionstheoretisch wenig ergiebig. Solange wir sie nicht wiederum zerdrücken, beschreiben Dominostein-Funktionen eine pathologische Produktion. ·

Fragen zur Lernerfolgskontrolle (Produktionstheorie, Grundstudium)

1) Zeichnen Sie die drei jeweils zweidimensionalen Ertragsgebirge eines ordinären Schoko-Crossies.

2) Diskutieren Sie die Feststellung, daß eine Outputeinheit bei dem Vorliegen einer Dominostein-Funktion sowohl durch die gleiche Mengen vorhandener wie auch fehlender Mengen produziert werden kann. ** Sternchen-Frage für Streber: Steht diese Erkenntnis

im Widerspruch zum Gesetz der wachsenden Entropie, oder ist dieses zu revidieren?**

3) Ist der Golfball eine Visualisierung einer Marzipankartoffel-Funktion mit Sprungstellen oder einer pathologischen Dominostein-Funktion?

4) Läßt sich die Produktion von Marzipankartoffeln (drei Inputgüter!) auch als eine Marzipankartoffel-Funktion abbilden?

Der Nachteil der Intelligenz besteht darin,
daß man ununterbrochen gezwungen ist,
dazuzulernen.

George Bernard Shaw

Eine gute Rede soll das Thema erschöpfen,
nicht die Zuhörer.

Winston Churchill

Prüfung

Die Frage ist so gut,
daß ich sie durch meine Antwort nicht verderben möchte.

aus den USA

Irrtümer haben ihren Wert;
jedoch nur hie und da.
Nicht jeder, der nach Indien fährt,
entdeckt Amerika.

Erich Kästner

Triff niemals Entscheidungen im Namen eines abstrakten oder utopischen Ziels – wie etwa des Gemeinwohls.

Karl Popper

Spare – und du bleibst gesund.

altes Sprichwort

Es ist doch sonderbar bestellt
Sprach Hänschen Schlau zu Vetter Fritzen,
Daß nur die Reichen in der Welt
Das meiste Geld besitzen.

Gotthold Ephraim Lessing

Umgangssprache: Der dümmste Bauer hat die größten Kartoffeln.

Wissenschaftssprache: Die Intelligenz des Agrikulturökonomen verhält sich reziprok proportional zur Dimension seiner Hackfruchtprodukte.

159

Tagungsmenü

Vorspeise:
Warme Händedrücke, mit tiefgekühlter
Herzlichkeit garniert.
Altbackene Grußworte,
Brühwarmes Eigenlob.

Hauptgänge:
Gedämpfter Optimismus mit hartgesottenen
Standpunkten und süßsauren Dementis.
Angeschnittene Probleme mit Phrasensoße.
Echtes Anliegen nach Sonntagsrednerart,
dazu Unausgegorenes mit eingelegten Wi-
dersprüchen.

Dessert:
Gefrorenes Lächeln.
Gemeinplätzchen.
Käse.
Kalter Kaffee.

Weine:
Plappersberger Miesling.
Schwulstheimer Langweiler.
Simpelsbacher Schwätzerling.
Trockenredenauslese.

Helmut Seitz

Was den Rednern an Tiefe fehlt,
ersetzen sie durch Weitschweifigkeit.

Charles de Montesquieu

Die Vorurteile eines Professors
nennt man Theorie.

Mark Twain

Bildungsfortschritt

N.N.

Volksschule 1950
Ein Bauer verkauft einen Sack Kartoffeln für 20 Mark. Die Erzeugungskosten betragen 4/5 des Erlöses. Wie hoch ist der Gewinn?

Realschule 1960
Ein Bauer verkauft einen Sack Kartoffeln für 20 Mark. Die Erzeugungskosten betragen 16 Mark. Berechne bitte den Gewinn!

Gymnasium 1977
Ein Bauer verkauft eine Menge Kartoffeln (K) für eine Menge Geld (G). G hat die Mächtigkeit 20. Für die Elemente g E G gilt: g ist 1 Mark.
In Strichmengen müßtest du für die Menge G „zwanzig" (///////////////////) Strichlein machen, für jedes Element g eines.
Die Menge der Erzeugungskosten (E) ist um „vier" (////) Strichlein weniger mächtig als die Menge G.
Zeichne das Bild der Menge E als Teilmenge der Menge G und gib die Lösungsmenge (L) an für die Frage:
Wie mächtig ist die Gewinnmenge?

Integrierte Gesamtschule 1982
Ein Bauer verkauft einen Sack Kartoffeln für 20 Mark. Die Erzeugungskosten betragen 16 Mark, der Gewinn beträgt 4 Mark.

Aufgabe:
Unterstreiche das Wort „Kartoffeln" und diskutiere mit Deinem Nachbarn.

Ökonometrie

Die auf falschen Annahmen beruhenden,
mit Hilfe eines Computers in Bruchteilen von Sekunden
exakt errechneten, falschen Ergebnisse.

gefunden von Helmut Jenkis

Stoßseufzer eines Vorsitzenden

Kommt er zur Sitzung zu spät, ist er ein schlechtes Beispiel.
Kommt er pünktlich, ist er ein Aufpasser.

Hat der Vorstand neue Ideen, ist er ein Phantast.
Bleibt er beim alten, ist er rückständig.

Hat der Vorsitzende Sorgen, sind es Launen.
Hat er keine, ist er leichtfertig.

Ist der Vorsitzende schon etwas älter, ist er verkalkt.
Ist er noch jung, fehlt die Erfahrung des Alters.

N.N.

Wirkliche Macht
bemüht sich um Unauffälligkeit.

Otto Galo

Will man jemanden überholen,
darf man nicht in seine Fußstapfen treten.

chinesisches Sprichwort

Luther auf Englisch

Tritt fest auf,	Get up,
mach's Maul auf,	show up,
hör bald auf!	shut up!

Wolfgang Eichhorn

Humor in der Werbung

Die Illustrierte „Stern" warb früher auf Lastzügen mit dem Vers:
Wer rast, wird bald die Sterne seh'n,
die Rast wird durch den „Stern" erst schön.

Spot eines Optikers:
Sind's die Augen, geh' zu Ruhnke!

Gereimte Fortsetzung:
Besser noch gehst Du zu Mampe,
gießt Dir einen auf die Lampe.
Kannst dann alles doppelt sehn,
brauchst nicht mehr zu Ruhnke gehn.

Sagen und Haben gehören zusammen.

Philip Rosenthal

Ein Pessimist ist ein Mensch,
der sich über schlechte Erfahrungen freut,
weil sie ihm recht geben.

Heinz Rühmann

Einen Fehler, den man schon lange macht,
beherrscht man perfekt.

Michael Richter

Mit einigem Geschick kann man sich aus den Steinen, die einem in den
Weg gelegt werden, eine Treppe bauen.

aufgelesen von Gert Boegner

Beim ersten Mal spricht man von Zufall,
beim zweiten Mal von Statistik, beim dritten Mal von Tradition.

Kurt Biedenkopf

Das Rationale am Menschen sind die Einsichten, die er hat. Das Irrationale an ihm ist, daß er nicht danach handelt.

Friedrich Dürrenmatt

Zu einer Blitzkarriere kommt es selten ohne Donnerwetter.

Rupert Schützbach

Für Roboter gibt es vorerst keinen besseren Ersatz
als den Menschen.

Raimund Vidrányi

Bestandsaufnahme ist ein schönes Wort dafür,
daß man nicht mehr weiter weiß.

Lore Lorentz

Theorie ist das, was keiner versteht.
Praxis ist das, was man nicht erklären kann.

Alfred Oder

Manager-Krankheit:

Epidemie, die durch den Uhrzeiger hervorgerufen
und durch den Terminkalender übertragen wird.

John Steinbeck

Im Mittelpunkt steht der Mensch,
aber genau da steht er im Wege.

Daniel Goeudevert

Was verkürzt mir die Zeit?
Tätigkeit!
Was macht sie unerträglich lang?
Müßiggang!
Was bringt in Schulden?
Harren und Dulden!
Was macht gewinnen?
Nicht lange besinnen!
Was bringt zu Ehren?
Sich wehren!

Johann Wolfgang von Goethe

Homo oeconomicus auf Reisen

Auszug aus einer Rezension

Edmund Schalkowski

... Die Endeckungstour beginnt mit der Erkundung der Determinanten, die seine Reiseentscheidung prägen. Dazu muß er sich eine rigorose Beschneidung seines Handlungsspielraums gefallen lassen; nur noch zwei Faktoren – Reiseentfernung und Reisedauer – stehen ihm zur Disposition. Darüber hinaus darf er sich nur auf einer homogenen Urlaubsfläche, auf der alle Punkte die gleichen Erholungsmöglichkeiten bieten, bewegen. Will er unter diesen Voraussetzungen seine Kosten minimieren, stellt er fest: Da mit der Entfernung vom Zentrum (Sitz des Haushalts) die Tageskosten eines Urlaubs sinken, die Fahrtkosten aber steigen, sind „kurze Aufenthalte in kurzen Entfernungen und lange Aufenthalte in größeren Entfernungen relativ billiger".

Die nächste Station der Argumentation erweitert die Perspektive des reiselustigen Konstrukts und faßt seine Mitgenossen ins Auge, allesamt damit beschäftigt, ihren Urlaub zu planen und somit in ihren Entschlüssen sich gegenseitig zu beeinflussen. Dazu muß der Autor die Annahme aufgeben, das Angebot an Urlaubsleistungen in den Feriengebieten sei unabhängig von der Nachfrage. Geht er stattdessen davon aus, daß die Tageskosten mit der Aufenthaltsdauer steigen und zusätzlich von der Anzahl der Urlauber an einem Ort abhängen, dann ergibt sich für ihn folgendes Bild: Strebt der Urlauber nach Einsamkeit oder unberührter Natur, läßt steigende Urlauberzahl die Qualität seines Aufenthaltes sinken. Dieser negative Effekt wird aber teilweise kompensiert, wenn die Aufenthaltspreise mit zunehmender Urlauberdichte steigen. „Da die Aufenthaltspreise nun mit zunehmender Entfernung sinken, kann man entweder weiter reisen und damit die Qualität des Urlaubs erhöhen oder man kann bei gleichbleibender Entfernung die Aufenthaltsdauer oder den Konsum erhöhen."

Ein abschließender Blick nimmt ins Visier, welche Konsequenzen das Treiben unseres Homunkulus und seinesgleichen für den Raum hat, in dem es sich abspielt; er lernt die optimale Struktur eines Feriengebiets kennen, hergeleitet aus den Präferenzen der Urlauber bezüglich der Ortsgröße, der Entfernung zu anderen Orten und der Lage innerhalb des Orts. Seine Erfahrungen sind, „daß die größten Orte sich jeweils mehr in der Mitte und alle kleineren sich jeweils weiter außen ansiedeln", daß „die günstigste Lage eines Fremdenverkehrsorts diejenige mit dem günstigsten Zugang zur Natur", also „das Zentrum der Fläche" ist und daß der „Urlauber an einem größeren Ort eine größere Entfernung vom Zentrum, an einem kleineren Ort eine kleinere Entfernung" vorzieht.

Solcherart sind die Ergebnisse der … Untersuchung, nicht sonderlich originell und aussagekräftig, aber dafür mittels aufwendiger mathematischer Prozeduren hergeleitet. Indifferenzkurven, Potentialvariablen, Gleichgewichtsmodelle – das gesamte analytische Arsenal der Volkswirtschaftstheorie muß herhalten, um zu Erkenntnissen zu kommen, die sich jeder Urlauber, jeder Fremdenverkehrsdirektor, jeder Tourismuspolitiker an fünf Fingern abzählen kann. So exerziert der Autor beispielhaft vor, was in Nationalökonomie und Sozialwissenschaften zunehmend an Boden gewinnt, die Tendenz zu immer größerem wissenschaftlichem Aufwand und immer magereren Ergebnissen, zu immer höherer methodischer Präzision und immer banaleren Resultaten. Ihr absurder Fluchtpunkt (in der ihr eigenen Sprache): Umfang und Relevanz der wissenschaftlichen Aussagen konvergieren gegen null, die methodische Absicherung gegen unendlich; nichts wird mehr ausgesagt, das aber absolut sicher.

Der Narr tut, was er nicht lassen kann;
der Weise läßt, was er nicht tun kann.

aufgelesen von Gert Boegner

Wer lange schweigt,
wird lange für klug gehalten.

isländischer Sinnspruch

Wir brauchen dringend einige Verrückte.
Seht euch an, wo uns die Normalen hingebracht haben.

George Bernard Shaw

Weiser Rat

Ich dich beneiden? – Tor! Erspar, ererb, erwirb,
Hab alles! – Brauche nichts, laß alles hier und stirb!

Gotthold Ephraim Lessing

Logik

Wenn die Wirtschaftswissenschaften exakt sind,
dann sind sie nicht realitätsnah;
sind sie realitätsnah, dann sind sie nicht exakt.

gefunden von Helmut Jenkis

Firmen(an)spruch

Be first,
but first be right.

Nachrichtenagentur Reuters

Mathematik und ihre Anwendung

Bela Weisz

In seinen geistreichen Gesprächen über den Getreidehandel läßt *Galiani* den Chevalier über die Anwendung des mathematischen Verfahrens zu praktischem Zwecke Folgendes sagen (Custodi, parte moderna, t. V, S. 222 [das weitere übersetzt aus dem Französischen]):

„Sie haben z. B. eine Porzellanschale, von der Sie wissen wollen, wieviel Wasser sie fassen kann. Es gibt zwei Methoden, um das Wissen zu erlangen. Die erste ist, einem großen Mathematiker Ihre Schale zuzusenden, damit er sie ausmesse. Der Mathematiker sieht die Schale an, wendet sie nach jeder Richtung, prüft und findet, daß es sich um eine Kurve handelt, deren Drehung um eine Achse eine auf dem Kopf stehende kegelförmige Gestalt erzeugt, welche Laien gemeinhin als Schale bezeichnen. Er erklärt sich zur Analyse dieser Kurve bereit und begegnet einem so verstockten, hyperbolischen Teufelsweib vom dritten Grade, das er um nichts in der Welt durch einen viereckigen Körper wiedergeben kann. Danach greift der Mathematiker auf die Integralrechnung zurück und am Ende von sechs Monaten, nach einer Sintflut von x und y, beschreibt er mehr oder weniger deutlich die Kurve und den daraus erzeugten Körper durch Approximation und sendet Ihnen auf einem Stück Papier die endgültige Gleichung zu, die so wunderlich mit x, y und z durchlöchert ist, daß Sie darüber in der Akademie Vorlesungen halten könnten. Aber ich rate Ihnen nicht, dem zu vertrauen. Denn wenn Ihm die Feder etwas aus den Händen gerutscht ist und er ein plus für ein minus geschrieben hat, werden Sie glauben, Ihre Schale vollzugießen, doch Ihren Punsch verschütten.

Das ist die erste Methode. Es gibt nach dieser eine weniger exakte und sehr einfache, und das ist, einen Bauernjungen zu rufen und ihm zu sagen: Mein Freund, miß mir, wieviel diese Schale Wasser faßt. Dieser

Mensch stellt zunächst die Vase gerade, nimmt ein Glas Wasser, schüttet es hinein und wenn er sieht, daß nichts mehr herausläuft, nimmt er ein anderes und fährt so fort, bis die Schale voll ist und das Wasser über den Rand zu laufen beginnt. Dann sagt er Ihnen: Mein Herr, Ihre Schale faßt drei Schoppen weniger einem Wasserfloh, und Sie können ihm munter vertrauen."

Das Verdikt, das hier gegen die Mathematik gefällt wird, ... gilt es, wie in dem gewählten praktischen Beispiel, auch überhaupt von praktischen Fragen? Hierauf wollen wir mit Bezug auf die Volkswirthschaftslehre in Folgendem kurz Antwort geben.

Die zahlenmäßige Kenntniss hat dem Geiste immer als die höchste Form der Erkenntniss gegolten ... Dagegen kann aber auch nicht geleugnet werden, daß in gar manchen Fällen der Versuch der Rückführung auf mathematisches Wissen total mißlungen ist, theils aus Unkenntnis der Methode, theils aus falscher Anwendung derselben, theils deshalb, weil mit dem quantitativen Wissen nicht alles Wissen überhaupt erschöpft ist. Diesem Umstande ist es zuzuschreiben, wenn die Anwendung der Mathematik zu mannigfachen Verirrungen führte, zu eitlem Spiel, zur Verdeckung des Mangels wirklicher, positiver Kenntnisse. Kaum hat irgendwo die pseudomathematische Richtung einen größeren Spielraum gewonnen als in den orientalischen Theogonien und Religionssystemen, in der mittelalterlichen Kabbalistik und Scholastik, in den Zauberformeln der paganischen Mystik, gerade dort also, wo das eigentliche Wissen total mangelte.

P.S.: Gilt das auch für die heutige Ökonomie?

Das Mittelmaß ist eine der Voraussetzungen für den Massenerfolg.

Wim Wenders

Nürnberger Trichter

Bei der Hamburger Verbandstagung (wohl um 1953) saßen *Rieger* und ich beisammen. Er fragte mich unvermittelt: „Sagen Sie, warum sind wir uns nicht schon früher näher gekommen?" Ich antwortete: „Der Grund ist, daß Sie immer von einem Schwarm von Leuten umgeben waren, zu denen ich nicht gehören wollte." Ich nannte keine Namen, aber am meisten dachte ich an Ludwig Erhard, der sich nach den Vorlesungen auffallend um Rieger bemühte. Ludwig Erhard hat aus seiner geistigen Zugehörigkeit zu Wilhelm Rieger kein Hehl gemacht. Bei einer Eröffnung der Nürnberger Spielwarenmesse sagte Erhard: „Wollen Sie wissen, wo ich meine Kenntnisse gesammelt habe? In der Findelgasse bei Wilhelm Rieger."

Hanns Linhardt

Kleinste Buchhaltung

Im Jahre 1946 fand mein Wirtschaftsprüfer-Examen in der Privatwohnung von *Eugen Schmalenbach* statt. Das war damals angesichts der Bombenschäden nichts Ungewöhnliches. Er – seine Pfeife in der Hand – öffnete mir die Tür mit den Worten: Kommen Sie herein auf Ihre alten Tage.

Geprüft wurde ich von ihm, einem Finanzamtspräsidenten, einem Wirtschaftsprüfer und zwei weiteren Prüfern. Schmalenbach fragte mich nach den ältesten Aktiengesellschaften. Ich antwortete: Die holländisch-ostindische und die englisch-indische Handelscompagnie. Richtig.

Frage: Welches ist die kleinste Buchhaltung? Meine Antwort: Ein Strich an der Wand. Schmalenbach: Gar keine. Mein Einwand: Gar keine ist keine. Schmalenbach: Da haben Sie recht. Dann stieg er ins Fachliche ein.

Hanns Linhardt

Aus der Schule wissen wir, daß die kürzeste Verbindung zwischen zwei Punkten die Gerade ist. Und aus dem Leben wissen wir, daß man auf Umwegen schneller ans Ziel kommt. Warum sollte man also den geraden Weg wählen, wo es so viele bequeme Umwege gibt?

Curt Goetz

Plagiator

Eines Tages fuhr ich mit *Wilhelm Kalveram* von Frankfurt nach Münster. Im Zug bereitete er einen Vortrag vor. Dazu ließ er sich von mir die Stichworte sagen. Er kannte mich. Ich hatte ihm die 2. Auflage der Goldmarkbilanzierung (erschienen 1924) überarbeitet.

Damals schrieb ich ein Manuskript über Organisation. Kalveram gefiel es so gut, daß er es in einer Reihe von Vorträgen in Zürich, London und anderswo als sein eigenes vortrug.

Als ich *Fritz Schmidt* von dieser Erfahrung berichtete, war seine verblüffende Antwort: Plagiat ist auch eine Art von Verbreitung.

Hanns Linhardt

Wissen ist Macht,
aber Nichtwissen erleichtert oft das Leben.

Joachim Fernau

Flexibler Politiker

Ein Ratsmitglied vertrat mit Vehemenz im Ausschuß eine Sache. Eine Woche später vertrat er mit dem gleichen Engagement im Stadtrat genau die gegenteilige Meinung. Auf meine erstaunte Frage, daß er doch eine Woche zuvor gerade das Gegenteil sagte, kam seine spontane Antwort: „Das vor einer Woche war meine Meinung, das heute, ist unsere."

Gert Boegner

Um ein tadelloses Mitglied einer Schafherde sein zu können,
muß man vor allem ein Schaf sein.

Albert Einstein

Zu spät ist besser
als niemals.

Laotse

Sage mir, mit wem du umgehst, so sage ich dir,
wer du bist; weiß ich, womit du dich beschäftigst,
so weiß ich, was aus dir werden kann.

Johann Wolfgang von Goethe

Die Aufgabe der Wissenschaft besteht darin, Erscheinungen durch Tatsachen und Einwirkungen durch Beweise zu ersetzen.

Ruskin

Strategische Planung heißt Irrtum auf lange Sicht

Sebastian Hakelmacher

Planung bedeutet das Ersetzen des Zufalls durch Irrtum. Mit Hilfe der Computer kann man schneller und exakter irren. Wer detailliert plant, den trifft der Irrtum zwar um so härter, aber ohne Planung weiß man nicht, wie genau man sich geirrt hat. Die komplizierteste Methode, irrtümliche Ergebnisse zu erzielen, stellt die Unternehmensplanung dar.

Eine Unternehmensplanung mit hohem Anspruchsniveau gliedert sich in die strategische und die operative Planung. Strategische Planung heißt Irrtum auf lange Sicht. Bei ihr handelt es sich um die fast überirdisch anmutenden Planungselemente, die in Unternehmen mit feiner Lebensart dem Vorstandsvorsitzer und seinem Stab vorbehalten sind. Strategische Planer sind Menschen, die keine Ahnung von der künftigen Marktentwicklung haben, sie aber brillant niederschreiben.

Den wissenschaftlichen Anforderungen genügt die strategische Planung dann, wenn die einschlägigen Planungstechniken, wie insbesondere die graphisch eindrucksvolle Portfolio-Darstellung, sinnlos, aber umfassend angewendet werden. Der praktisch-relevante Inhalt der strategischen Planung liegt in einprägsamen Fachausdrücken wie Cash-flow und Cash-cow, die inzwischen zum aktiven Wortschatz moderner Topmanager gehören. Im übrigen verdankt die strategische Planung ihren hohen Rang dem unendlichen Planungshorizont, dem globalen Abstraktionsgrad, der hervorragenden Aufmachung sowie vor allem der höchsten Geheimhaltungsstufe.

Die strategische Planung erklärt Trivialitäten auf reichaltigem Niveau. Damit die operative Planung die höherrangigen strategischen Visionen nicht stört, werden strategische und operative Planung in der Praxis meist strikt voneinander getrennt. Damit lassen sich die Eroberung neuer Märkte oder ähnliche Strategien ohne Rücksicht auf vorhandene Ressourcen planerisch durchhalten. Man bezeichnet diesen Hang exellenter Spitzenmanager, große Sprünge mit leerem Beutel zu wagen, als Känguruh-Syndrom. Schädliche Auswirkungen lassen sich durch Abstinenz vom Tagesgeschäft vermeiden. Es können dann ohne Hektik die Strategien verspätet, aber häufig an vorher absehbare Marktveränderungen angepaßt werden.

Eine pragmatische, aber phantasielose Einstellung zur Planung, beherzigt den Leitsatz: „Zuerst kommt das Geschäft, dann die Planung." Sie erklärt sich daraus, daß die strategische Planung bei richtiger Handhabung die betrieblichen Abläufe zwar kaum beeinträchtigt, sich aber aus der operativen Planung Risiken für das laufende Geschäft ergeben können. Hier gilt es, das heißbegehrte und meist mißverstandene Controlling mit seinem allfälligen Soll/Ist-Vergleich dadurch erträglich zu gestalten, daß die Planung in einer anderen Struktur als die Erfassung der Ist-Werte erstellt wird. Der Controller ist nämlich eine Mensch, der jede Ist-Zahl nicht nur sofort erfaßt, sondern auch erkennt, auf welchem Planungsfehler sie beruht. Wenn man das Ziel aus dem Auge verloren hat, ist das Controlling der Anlaß, die Anstrengungen zu verdoppeln.

Wegen des Arbeitsaufwandes wird die operative Planung gern untergeordneten Planungsstellen überlassen. Sie darf aber die Erwartungshaltung des Topmanagements oder wichtiger Aufsichtsgremien nicht enttäuschen. Von existenzieller Bedeutung ist daher der sogenannte Topdown-Approach, bei dem aus der Vogelperspektive der gewünschte Ergebnispegel eingestellt wird. Dieses sogenannte Pegulieren stylt die bei starker Realitätsnähe dilletantisch anmutende Planungsrechnung zu einer vorlagefähigen Unternehmensplanung.

Um eine Planung nach oben zu pegulieren, werden die nach höher besoldeter Einsicht zu anspruchsvollen Planwerte so angespannt, daß sie dem vom Topmanagement überschätzten Anspruchsniveau genügen. Planergebnisse, die nach höherrangiger Einschätzung am oberen Ende der Erwartungen liegen, werden dagegen gern nach unten peguliert, um durch positive Soll/Ist-Abweichungen den besonderen Einsatz des Topmanagement zu dokumentieren.

Zusammengefaßt läßt sich festhalten: Das Vertrauen in die Nichterfüllung der Pläne ist eine wesentliche Voraussetzung für die richtige Entscheidungen.

BWL-Poesie

Ist und Soll
Soll und Haben
Haben und Sein
Dasein und Sosein
Sein oder Nichtsein
Sein und Sollen
Sein und Zeit

Peter Eichhorn

Ich traue keiner Statistik, es sei denn,
ich habe sie selbst gefälscht.

angeblich von Winston Churchill

Die Statistik ist die vornehmste Form der Lüge
mit der stärksten Überzeugungskraft.

Thaddäus Troll

Es läßt sich wirklich nicht bestreiten,
daß höchst veränderlich die Zeiten.
Nur komm ich nicht von dem Gefühl:
der Menschen Dummheit bleibt stabil.

Georg Boegner

Quintessenz:

Die Essenz der Fünf (Sachverständigenratsweisen).

Karl Häuser

Die Wirtschaft ist unser Schicksal.

Walther Rathenau

Gute Manieren haben heißt,
Distanz halten.

George Bernard Shaw

Menschen wollen nicht belehrt,
Menschen wollen bestätigt sein.

Werner Bergengruen

Nicht jeder, der ab und zu eine Wirtschaft besucht,
versteht auch etwas von Wirtschaftspolitik.

Tyll Necker

Wissenschaft ist nichts
als geordneter und erprobter gesunder Menschenverstand.

Thomas Henry Huxley

Der Nationalökonom im Paradies

Felix Kaufmann

Als unser Herr die weite Welt geschaffen,
Die Krokodile, Papageien und die Affen,
Da hat er in die Welt zu guter Letzt,
Den Wirtschaftswissenschaftler hingesetzt.

Nun saß der brave Mann im Paradiese,
Mit einem ganz verzweifelten Gefriese,
Weh mir, daß ich kein Material mehr hab',
Es gibt kein Wirtschaften, denn nichts ist knapp.

Mit Gütern wollt ich planvoll disponieren
Und dann mein Handeln streng analysieren.
Und schließlich stolz sein, wenn ich sagen kann:
So handle ich und das ist jedermann.

Nun muß ich fruchtlos mein Gehirn zerplagen,
Denn gar nichts gibt es hier sich zu versagen,
Jeder Genuß ist allsogleich parat,
Selbst mit der Zeit man nicht zu sparen hat.

Da sprach der Herr: Du sollst nicht klagen derfen,
Du kannst Dir eine Theorie entwerfen,
Das macht den Menschengeist ja so erlaucht,
Daß er zum Denken nichts zu wissen braucht.

Zwar kannst Du niemals einen Satz erproben,
Doch eben drum sollst Du mich stündlich loben,
So bleibt die Lehre aufrecht unentwegt,
Wo nichts erprobt wird, wird nichts widerlegt.

Froh rief der Forscher: „Was war für ein Tor i,
Von nun an denk' ich nurmehr a priori,
Die Empirie, die bleibt mir völlig gleich,
Hier gibt's ja keinen Anwendungsbereich."

Doch seit wir nicht im Paradies mehr wohnen,
Ist scharf zu scheiden zwischen Konventionen,
Und Sätzen, deren Sinn darin besteht,
Zu sagen, was in Wirklichkeit vorgeht.

Von Nagern und Ma-Nagern

Arnim Berninghaus

Das Raster zur Strukturierung der Gesellschaft nach Alpha- bis Omega-Typen entwickelten Verhaltensforscher aufgrund von Beobachtungen im Hühnerstall. Dort hüpft das Alpha-Huhn abends als erstes auf die Schlafstange, um den angestammten Platz einzunehmen. Zum Schluß erwischt Omega das letzte Plätzchen und schwebt in ständiger Gefahr herunterzufallen. Auch wenn eines Tages das Lieblingshuhn geschlachtet wird, richten sich die Aggressionen gegen Omega. Alle hacken darauf ein, ohne daß sich Omega (als informeller Sündenbock) zur Wehr setzen darf.

Die Parallelen zur Unternehmenshierarchie sind unverkennbar. Auch dort reagiert sich die Führungsmannschaft an Omega ab, sobald die Frustration ein Ventil braucht. Manager erweisen sich als Gewohnheitstiere, wenn die Konjunktur an Fahrt verliert. Sie handeln dann intuitiv nach der Devise: Personal reduzieren, Gemeinkosten senken und Kapazitäten abbauen. Auch wenn die Budgetziele in Gefahr geraten, agieren Manager mit der strategischen Weitsicht eines balzenden Auerhahns. Bei den Statthaltern amerikanischer Unternehmen treten die Alpha-Anlagen besonders deutlich hervor, wenn sie sich anschicken, die langfristigen Unternehmensstrategien dem kurzfristigen Ziel der Gewinnkontinuität zu opfern.

Die Germanisten weisen etymologisch im „Manager" einwandfrei den „Nager" aus der Spezies der Säugetiere nach. Das ist nicht weiter verwunderlich, denn einige herausragende Eigenschaften dieser Gattung charakterisieren auch die unauffällige Führungskraft. Die größte Ähnlichkeit besteht ohne Zweifel zum Goldhamster, denn der ist ebenfalls kaum lernfähig, nicht besonders geschickt, weder aggressiv noch zutraulich. Er ist bekannt für die regelmäßige Teilnahme an der Verpflegung und strampelt sich in der allgegenwärtigen Tretmühle ab. Ohne sichtbare Erfolge. Eigentlich bleibt nur positiv anzumerken, daß er gut aussieht und im Grunde nicht stört.

Die Verjüngung der Goldhamster-Population erfolgt durch natürliche Auslese. In der Praxis läuft bei diesem Bäumchen-Wechsel-Dich-Spiel kaum etwas ohne die Einschaltung eines Outplacement-Beraters oder eines Headhunters. Deshalb ist für den außenstehenden Betrachter nur schwer nachvollziehbar, warum der im Unternehmen A erfolgreich outgeplacedte Manager durch Vermittlung eines Headhunters im Unternehmen B wieder zu einem spektakulären Karrieresprung ansetzen kann. Vielleicht erfordert der Aufstieg einen ursprünglichen Dilettantismus, denn in seiner Wortbedeutung wird der Dilettant als Liebhaber einer Sache charakterisiert; seine Leistungsfähigkeit unterliegt dabei keiner Bewertung. In der Wirtschaft erweist sich der Dilettantismus gelegentlich als Erfolgsfaktor, wenn er die Routine durch unkonventionelle Ideen beflügelt.

Als Hauptursache für die unternehmerischen Fehlleistungen gilt der betriebliche Erbdilettantismus. Gemeint ist, daß ausrangierte Manager mit Posten in den Aufsichts- und Beratungsgremien belohnt werden. Dort schweben sie als Ei des Damokles über der Realität, was die notwendige Erneuerung betrieblicher Strukturen mehr behindert als fördert. In diesen Fällen erweist sich über kurz oder lang die Wirkung als Vergeltung der Ursachen.

Von einem gewissen Alter an schließt sich der unternehmerische Geist. Spätestens ab diesem Zeitpunkt lebt der Gebrechens-Manager von seinem intellektuellen Fett. Die britischen Soziologen sprechen dann vom „man ager". Nach dieser Interpretation handelt es sich um einen in die Jahre gekommenen besseren Herrn, der vorwiegend auf dem Golfplatz anzutreffen ist oder die großen Geschäfte im Club anbahnt. In der postkolonialen Ausprägung herrscht der „man ager" nicht mehr über Besitzungen in den Kolonien, sondern über ein Imperium von Konzerngesellschaften. Seine Schwierigkeiten resultieren im EDV-

Zeitalter nicht aus dem Mangel an Informationen, sondern aus der Insuffizienz, bedeutsame und belanglose auseinanderzuhalten.

Allerdings verleiht ihm eine gesunde Mischung aus mangelndem Praxisbezug und Gedächtnislücken die Abgeklärtheit für überraschende Lösungsvorschläge, die nicht zum Problem passen. Darüber hinaus besitzt der „man ager" eine Vorliebe fürs Detail, denn bekanntlich kümmert er sich nur um das, was er überschaut. Und das ist häufig nicht gerade viel. Schließlich erscheint es verlockender, im Umfeld einer verklärten Vergangenheit und der vertrauten Gegenwart zu leben, als sich mit der ungewissen und vermutlich feindlichen Zukunft auseinanderzusetzen.

Sammelbüchse

Kennen Sie wichtige, süß-saure und witzige Beiträge zum Thema „Betriebswirtschaft non olet" oder haben Sie selbst welche verfaßt? Herausgeber und Verlag arbeiten bereits an der neuen Auflage dieses Buches. Sie werden sich freuen, Ihre Einsendungen „doppelt blind" zu begutachten, damit sie in der Neuauflage berücksichtigt werden können.

Bitte schicken Sie Ihre Beiträge an:

Betriebswirtschaftlicher Verlag Dr. Th. Gabler
Abteilung Wissenschaft
Taunusstraße 54
D-65183 Wiesbaden

Die Post wird an den Herausgeber weitergeleitet.

Quellen

Djerassi, Carl, Das Bourbaki Gambit, aus dem Amerikanischen von Ursula-Maria Mössner, Haffmans Verlag, Zürich 1993, S. 171 f.

Eichhorn, Peter, Der Hochschullehrer Hanns Linhardt – Erinnerungen –, in: Hanns Linhardt Gedenkfeier, Veröffentlichungen des Lehrstuhls für Allgemeine, Bank- und Versicherungs-Betriebswirtschaftslehre an der Friedrich-Alexander-Universität Erlangen-Nürnberg, hrsg. von Oswald Hahn, Heft 58, Nürnberg 1989, S. 9–16.

Hakelmacher, Sebastian, Strategische Planung heißt Irrtum auf lange Sicht, in: Welt am Sonntag, Nr. 14 vom 8. April 1990, S. 42.

Herbert, Alan Patrick, Rechtsfälle – Linksfälle, 4. Aufl., Verlag Vandenhoeck & Ruprecht, Göttingen 1984, S. 90–94.

Kaufmann, Felix, Der Nationalökonom im Paradies, in: Dieter Schneider, Geschichte betriebswirtschaftlicher Theorie, R. Oldenbourg Verlag, München und Wien 1981, S. 184.

Klein, Günther, Um Gotteswillen, bitte bloß keinen Aufwand! Finessen der innerbetrieblichen Kommunikation, in: Süddeutsche Zeitung, Nr. 264 vom 14./15. November 1992, Feuilleton-Beilage, S. VIII.

Linhardt, Hanns (siehe unter Eichhorn, Peter)

Müller-Partenkirchen, Fritz, Die Freßaktie, in: Zeitschrift für Handelswissenschaft und Handelspraxis, Beiblatt Der Kaufmann und das Leben, 21. Jg., Heft 1, 1928, S. 4.

N. N., 1992: Fakten, in: Süddeutsche Zeitung, Magazin, Nr. 53 vom 31. Dezember 1992.

C. Palm-Nesselmanns Schüttelreime, Deutsche Verlags-Anstalt, Stuttgart 1967, S. 24 ff.

Schalkowski, Edmund, Homo oeconomicus auf Reisen, Ein neuer Beitrag zur Theorie des Tourismus, in: Die Zeit, Nr. 1 vom 29. Dezember 1989, S. 24.

Schmalenbach, Eugen, Goethe zur Frage der pretialen Betreibslenkung, in: Zeitschrift für handelswisenschaftliche Forschung, 1949, S. 96.

Schmölders, Günter, Bart und Hochzeit, Fenster und Pelze – kein Ende der Steuerbelastung in Sicht, in: Uwe Schultz (Hrsg.), Mit dem Zehnten fing es an, Eine Kulturgeschichte der Steuer, Verlag C.H. Beck, München 1986, S. 245–256, hier S. 245 und 249 f.

Schumacher, Frank, Goethes Geldschöpfung und der Argwohn des Kanzlers, in: Süddeutsche Zeitung, Nr. 193 vom 22./23. August 1992, S. 22.

Wassner, Fernando, Das Bier, die Katze und der Bewerber bei der Vorstellung, in: FAZ Blick durch die Wirtschaft, Nr. 57 vom 23. März 1993, S. 1, leicht gekürzte Fassung.

Weisz, Bela, Die mathematische Methode in der Nationalökonomie, in: Jahrbücher der Nationalökonomie und Statistik, 31. Bd., 1878, S. 295–316, hier S. 295 f.

W. G., Der Schminkspiegel im betrieblichen Kraftfahrzeug – ein sträflich vernachlässigtes Bilanzierungsproblem?, in: Finanz-Rundschau, Nr. 20 vom 23. Oktober 1991, S. 615 f.